KB058147

부의 시크릿

부의 시크릿 돈을 움직이는 시크릿 마법사

초판 인쇄 2020년 9월 3일
초판 발행 2020년 9월 10일

지은이   월러스 D. 워틀스
옮긴이   정성호
펴낸이   김상철
발행처   스타북스
등록번호   제300-2006-00104호
주소   서울특별시 종로구 종로1가 르메이에르 1415호
전화   02) 735-1312
팩스   02) 735-5501
이메일   starbooks22@naver.com
ISBN   979-11-5795-542-8 03320

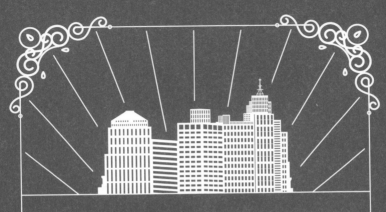

부의 시크릿

SECRETS OF THE RICH

월러스 D. 워틀스 지음 | 정성호 옮김

돈을 손에 쥐는 단 한 가지 방법

"경쟁하지 않아도 부자가 된다"

스타북스

 프롤로그

돈을 손에 넣는 시크릿 사용법

이 책은 부자가 되는 시크릿의 과학적 사용법이라 할 수 있다. 이 책은 워틀스가 세상을 떠나기 1년 전에 완성한 대표작으로 과학, 철학, 종교를 토대로 집필한 독창적 성공 철학이 담겨 있다. 따라서 독자들은 다른 책에서는 볼 수 없는 내용들이 살아서 튀어나오는 느낌을 가질 것이다. 평론가들이 명저로 극찬했음에도 불구하고 세상에 드러나지 않은 채 미국과 유럽의 일부 성공한 사람들만 1세기에 걸쳐 계속 읽어 온 특별하고 환상적인 책이다.

20대는 부자가 되는 공부를 해야 하고, 30대는 부자가 되어야 한다고 했다. 따라서 인생을 살아가는 데 부자가 되는 것만큼 숭고하고 고귀한 목표는 없다.

돈은 하고 싶은 모든 일을 하게 해 준다.

사랑하는 사람을 기쁘게 해 줄 수 있고, 사랑하는 사람에게 이익을 줄 수 있는 사람만이 행복하다고 했다. 사랑을 가장 자연스럽게 표현하는 방법은 '주는 행위'라고도 했다. 또한 사람은 호기심의 동물로 태어나 하고 싶은 것이 많기 때문에 그것을 이루기 위해 끊임없이 노력한다. 그러나 그 호기심을 채우거나, 하고 싶은 일을 자유롭게 하거나, 사랑하는 사람에게 이익을 주는 행위의 대부분은 돈이 해결해 준다.

또한 당신이 누군가를 돕거나 기부를 하는 일들은 부자라야 할 수 있다. 이 책은 부자가 되는 이론보다 가장 단순하면서도 확실한 실천 법칙이 담겨 있다. 그리하여 부자가 되는 가장 확실한 방법의 과학적인 사용 설명서라 할 수 있다.

과학이 만드는 부자의 법칙

이 책은 추상적인 이론이 아니라 실천을 목적으로 썼다.

이론을 설명한 것이 아니라 실천 방법을 제시한 '입문서'다.

지금 당장이라도 돈을 벌고 싶은 분들, 이론 정립은 뒤로 미루고 우선 부자가 되고 싶은 분들을 염두에 두었다. 이제까지 철학적인 사상을 연구할 시간이나 수단이나 기회가 없었지만 그 이론을 이용하고 싶은 분들, 그것이 고안된 과정은 모르더라도 과학적인 해결 방법을 배워서 앞으로 행동 원칙으로 삼고 싶은 분들은 이 책을 꼭 참고해 주기 바란다.

본문 속에서 설명한 근본 원칙을, 예컨대 전기 법칙에 대하여 에디슨이나 마르코니가 발표한 학설 같은 것이라고 생각하고, 그대로 전부 믿어야 한다.

이 방법을 믿고, 두려워하거나 망설이지 말고 실행하면 그 원칙이 진실이라는 것을 알게 될 것이다. 그것을 할 수 있는 사람은 반드시 부자가 될 수 있다. 왜냐하면, 이 원칙은 객관적이고 명확한 과학적 지식을 근거로 삼아서 실패는 있을 수가 없기 때문이다.

물론 여러 가지 철학 이론을 깊이 알고, 이 신조의 논리적 근거를 확인해 보고 싶은 분들도 있을 테니까, 몇몇 사상가를 소개하기로 하겠다.

우주일원론은 "하나는 전체이고 전체는 하나이다"라는 이론이고, 물질계에 있는 외관이 다른 많은 원소는 어떤 하나의 물질이 모습을 바꾼 형상라고 하는 사상이다.

이 사상은 힌두교를 기원으로 하고 있는데, 최근 200여년 동안에 서양 사상의 신뢰를 서서히 얻게 되었다. 우주일원론은 모든 동양 사상의 근본이고, 더 나아가 데카르트, 스피노자,

라이프니츠, 쇼펜하우어, 헤겔, 에머슨 등의 사상의 근간을 이루고 있기도 하다.

이 사상의 철학적 기반을 좀 더 자세히 알고 싶으면, 헤겔과 에머슨을 읽어 보라고 강력히 권하는 바이다.

집필을 하면서 다채로운 내용을 담기보다는 알기 쉽고 간단 명료한 문체를 우선해, 내용을 구석구석까지 이해할 수 있도록 배려했다.

이 책에서 다룬 행동 계획은 철학 이론을 근거로 해서 이끌어 낸 것이지만, 철저하게 과학적으로 검증하고, 매우 엄격한 심사를 통과해 실제로 효과가 있다고 판단한 것이다.

철학 이론에 도달하는 과정에 흥미를 가진 분들은, 앞에서 열거한 사상가의 저서를 꼭 읽어 보기 바란다.

또 이러한 철학자들의 이론에 의한 성과를 실천에 옮겨서 수확하고 싶다면, 이 책을 읽고 내용대로 실천하기 바란다.

월러스 D. 워틀스

차례

01 누구나 부자가 될 권리가 있다

02 부를 얻는 '단 한 가지' 법칙

03 기회는 빼앗는 자의 것이다

04 부를 손에 넣기 위한 3원칙

부의 시크릿

01

누구나 부자가 될 권리가 있다

SECRETS OF THE RICH

인간에게 있어서 최대의 행복은
사랑하는 사람에게 이익을 가져다주는 것이다.
사랑을 가장 자연스럽고 자발적으로 표현하는 방법은
'주는 행위'이다.

가장 먼저 해야 할 공부는 돈 버는 공부다

가난을 청빈이라고 하면서 아무리 칭찬을 하더라도, 돈이 없으면 절대 순조로운 인생을 보낼 수 없다. 또한 돈이 충분하게 없으면 자신의 재능이나 마음의 가능성을 최대한으로 펼칠 수가 없다.

왜냐하면, 마음을 보호 육성하고 재능을 신장시키기 위해서는 여러 가지를 이용할 필요가 있고, 그것들을 손에 넣기 위해서는 돈이 필요하기 때문이다.

인간은 여러 가지 것들을 이용하여 지혜와 마음과 몸을 성장시키지만, 사회는 경제력이 없으면 그런 것들을 손에 넣지 못하는 구조로 되어 있다. 그렇기 때문에 인간으로서 모든 성장과 성공을 위해서는 우선 부자가 되는 방법을 아는 것이 가장 중요하다고 할 수 있다.

적은 것으로 만족하는 것은 죄악이다

모든 생명체의 목적은 성장하는 것이고, 모든 생물에게는 성장할 권리가 있는데, 그것을 타인에게 양도할 수는 없다.

인간에게 살아갈 권리란, 지혜와 마음과 몸을 생기 넘치게 활동시키기 위해 필요한 모든 것을 자유로이 무제한으로 사용할 수 있는 권리라고 해도 과언이 아닐 것이다. 그것은 요컨대 경제력을 갖는 것이라고 바꿔 말해도 상관없다.

이 책에서 이야기하는 부자는 비유적인 것이 아니다. 진짜 부자는 적은 것으로 만족하거나 그 정도로 괜찮다고 생각하지 않는다.

많은 것을 손에 넣고 경험할 수 있는데도, 적은 것으로 만족하는 일이 있어서는 안 된다. 만물의 목적은 생명의 성장과 개화이고, 사람은 누구든 생명의 활력과 기품, 아름다움과 풍요로움을 가져다주는 것을 손에 넣어야 하는 것이다.

손에 넣지 않은 채 만족하는 것은 하나님의 섭리에 반하는 일이다.

자기가 생각한 대로 생활을 하고, 갖고 싶은 것을 전부 손에 넣을 수 있는 것은 부자뿐이다. 자유로이 쓸 수 있는 돈이 없으면 필요한 것을 아무것도 손에 넣을 수가 없다.

생활이 향상되고 매우 복잡해진 오늘날 모든 사람들이 가정이나 사회생활을 하기 위해서는 대단히 많은 돈이 필요하게 된다.

물론 누구나 능력이 허락하는 한 어떤 사람이 되고 싶다는 소원을 갖고 있다.

가능성을 실현시키고 싶은 소원은 인간에게 태어나면서부터 갖춰진 것이어서, 우리들은 어떤 사람이 되고 싶어 하지 않을 수가 없다.

인생의 성공은 자신이 되고 싶어 하는 사람이 되는 것인데, 자신이 원하는 꿈을 이루기 위해서는 문명의 이기로 만들어진 여러 가지 도구를 이용하는 것에 의해서만 그 꿈을 실현할 수가 있다.

따라서 그러한 도구들을 자유로이 이용하기 위해서는 그것들을 살 수 있을 만큼의 경제력을 가질 필요가 있다. 그러므로 경제력을 갖기 위해서는 부자가 되는 방법을 반드시 알아야 한다.

부자가 되고 싶다고 바라는 것은 전혀 나쁜 일이 아니다. 부자가 되고 싶어 하는 소원은 한층 더 혜택을 받아서 인생을 충실하게 살고 싶다는 소원이므로, 그 소원은 칭찬받아 마땅하다.

　지금 이상의 소득으로 지금보다 더 좋은 인생을 보내고 싶다고 생각하지 않는다면, 그 사람은 염세주의자거나 위선자일 것이다. 또한 필요한 것을 충분히 갖출 수 있는 경제력을 바라지 않는다면, 이상한 사람이라고밖에 말할 수 없다.

인생에 내걸어야 하는 3가지 목표

　우리들은 인생에 3가지 목표를 내걸고 그것을 이루기 위해 최선을 다해야 한다. 다시 말하면 건강한 몸을 만들고, 지혜를 단련하고, 마음을 풍요롭게 하기 위해서 살고 있다. 이런 것들 중 어느 것을 우위에 두거나 신성시해서는 안 된다. 이 3가지 목표는 똑같이 중요하기 때문이다.

　몸과 지혜와 마음의 3가지 중 어느 것 하나라도 충분히 살리지 못하거나, 잘 표현하지 못하면, 순탄한 인생을 보낼 수가 없다.

　마음을 위해서만 사는 것은 올바른 일이라고 할 수 없으며, 고귀한 일도 아니다. 지혜만을 단련하고 몸이나 마음을 소홀히 하는 것 또한 잘못이다.

　지혜나 마음을 돌보지 않은 채 육체가 향해 가는 대로 살아

가면 불행한 결과를 초래하게 된다. 그것을 알고 몸과 지혜와 마음을 사용하여 가질 수 있는 힘을 남김없이 발휘하는 것이야말로 진짜 인생이라고 할 수 있다.

어떤 경우라도 몸이 활발하게 움직여지지 않고 모든 기능이 충분히 작용하지 않으면, 행복이나 만족감을 제대로 맛볼 수가 없다.

물론 지혜나 마음에 대해서도 같은 말을 할 수 있다. 할 수 있는 일을 하지 못하든가, 충분한 기능을 발휘하지 못한 경우에는 소원은 이루어지지 않은 채 남게 된다.

소원이란 시험해 보고 싶은 가능성이고, 실행해 보고 싶은 기능이다.

인간은, 충분한 음식과 감촉이 좋은 의복과 따스한 집이 없으면 몸을 생기 넘치게 활동시키지 못한다. 지나치게 가혹한 고생을 하는 것은 좋지 않다. 몸을 위해서는 휴식을 취하여 기분 전환을 할 필요가 있다.

또한 독서를 하기 위한 시간이나, 여행이나 관찰을 할 기회가 없거나, 아니면 지적인 대화를 나눌 수 있는 상대가 없으면, 지혜를 제대로 연마할 수가 없다.

지혜를 완전히 신장시키기 위해서는 지적인 오락이 필요하고, 공예품이나 미술품을 신변에 두고 사용하거나 감상하거나 하는 것을 게을리해서는 안 된다.

마음을 생기가 넘치게 활동시키기 위해서는 사랑이 없으면 안 된다. 사랑은 돈이 없으면 도망가 버린다.

인간에게 있어서 최대의 행복은 사랑하는 사람에게 이익을 가져다주는 것이다.

사랑을 가장 자연스럽고 자발적으로 표현하는 방법은 '주는 행위'이다. 줄 것이 없는 사람은 남편이나 아버지로서, 시민이나 인간으로서 역할을 제대로 수행할 수가 없다.

여러 가지 것을 이용하기 때문에 인간은 몸을 활동시키고, 지혜를 신장시키고, 마음을 열 수가 있다. 그렇기 때문에 부자가 되는 것은 무엇보다도 중요한 것이다.

사람이 부자가 되고 싶다고 바라는 것은 당연한 일이고, 보통 사람이라면 누구나 부자가 되고 싶어 하지 않을 수가 없다.

따라서 사람이 '부자가 되는 방법'에 매달리는 것은 아주 자연스러운 것이고 당연한 일이다.

왜냐하면, 모든 학습 중에서 부자가 되는 것이야말로 가장 귀하고 가장 중요한 일이기 때문이다. 만일 이 학습을 게을리하면 자기 자신과 하나님과 인류에 대한 의무를 게을리하는 것이 된다.

모든 사람이 인류에 대하여 할 수 있는 가장 큰 봉사는 창조

자의 뜻에 따라 자신의 인생에 최선을 다하고 잘 사는 것이기 때문이다.

부의 시크릿
02

부를 얻는
'단 한 가지' 법칙

SECRETS OF THE RICH

'확실한 방법'에 따라서 일을 처리하면 그 결과 부자가 되고,
같은 일을 한 사람마다 같은 결과가 나온다면,
누구나 그것에 따르기만 하면 부자가 될 수 있을 것이다.

확실한 방법을 따르라

부자가 되기 위해서는 과학적인 법칙을 알아 두어야 한다. 이것은 수학에서의 산술과 마찬가지로 객관적이고 명확한 과학적 지식이다.

부를 얻는 과정에는 일정한 법칙이 작용하고 있어서, 그것들을 배우고 지키기만 하면 부자가 될 수 있다는 것을 물리적 진실로 증명할 수가 있다.

돈이나 재산은 '확실한 방법'에 따라서 일을 처리한 결과로 손에 들어오게 된다.

그 확실한 방법에 따라서 일을 처리한 사람은 의도적이든 의도적이 아니든 간에 부자가 되고, 그것과는 반대로 그 법칙을 지키지 않는 사람은 아무리 노력해도, 아무리 유능하더라도 돈의 혜택을 누리지 못한다.

같은 일을 하면 같은 결과가 나온다는 것은 자연의 섭리이다. 그러므로 이 확실한 방법에 따라서 일을 처리하기만 하면, 누구나 틀림없이 부자가 될 수 있다.

이제부터 이야기하는 것을 읽어 보기만 하면, 그 말에 거짓이 없다는 것을 알게 될 것이다.

성공을 좌우하는 조건

부자가 될 수 있느냐 없느냐는 환경에 의해서 정해지는 것이 아니다.

만일 그렇다면, 어느 지역에서는 이웃 사람들이 모두 부유해지고, 어느 도시에서는 주민 전부가 부자가 되는데도 다른 도시의 사람들은 모조리 돈에 시달리고 있을 것이다. 또한 어느 주의 주민들은 남을 정도로 부를 손에 넣고 있는데도, 이웃 주의 주민들은 가난한 채 살아가고 있는 것과 같은 상황이 생겨날 것이다.

그렇지만, 가는 곳마다 부유한 사람과 그렇지 않은 사람이 이웃에서 살고 있다.

환경도, 때로는 직업까지도 같다. 같은 지역에서 같은 업종에 종사하는 두 사람이 있는데, 한 사람은 가난한데도 다른 사람은 부자가 되었다면, 부자가 될 수 있느냐 없느냐를 결정하는 주요한 요인은 환경이 아니라는 것을 알 수가 있다.

환경에 따라서 유리함과 불리함은 있지만 같은 지역의 같은 업종에 종사하는 사람 중 한쪽은 위세가 좋은데 다른 쪽은 형편없다면 부자가 되는 길은 '확실한 방법'에 따라서 일을 처리한 성과라고 보는 것이 타당하지 않겠는가?

그리고 그 확실한 방법에 따라서 일을 처리하기 위해서는 단지 재능만 있으면 되는 것이 아니다. 왜냐하면, 재능이 많은 사람이 가난한 채로 살고 있거나, 재능이 부족한 사람이 유복하게 사는 일도 있기 때문이다.

부자가 된 사람들을 조사해 보면, 모든 점에서 평균적인 사람들뿐이고, 다른 사람에 비해서 특별히 재능이나 능력이 뛰어난 것은 아니라는 것을 깨닫게 될 것이다.

그 사람들은 다른 사람에게는 없는 재능이나 능력을 갖고 있었기 때문이 아니라, 마침 '확실한 방법'에 따라서 일을 처리한 결과라는 것을 분명히 알 수가 있다.

부자가 되는 것은 절약이나 검소하게 산 결과가 아니다. 철저하게 인색한 사람들은 돈의 혜택을 받지 못하는 한편, 돈 씀씀이가 헤픈 사람이 유복해지는 일이 드물지 않다.

부자가 되는 것은 다른 사람이 하지 않는 방법으로 일을 처리하기 때문이 아니다. 왜냐하면, 같은 업종에 종사하는 두 사람이 거의 같은 일을 하더라도 한 사람은 성공하고 다른 사람은 잘되지 않든가 도산하는 일이 있기 때문이다.

이렇게 살펴보면, 부자가 되는 것은 '확실한 방법'에 따라서 일을 처리한 결과라고 결론을 지을 수밖에 없다.

'확실한 방법'에 따라서 일을 처리하면 그 결과 부자가 되고, 같은 일을 한 사람마다 같은 결과가 나온다면, 그것에 따르기만 하면 누구나 다 반드시 부자가 될 수 있을 것이다.

그리고 이 모든 것은 객관적이고 명확한 과학적 지식으로 설명할 수가 있다. 그렇게 되면, '확실한 방법'이 그다지 어려운 것은 아니라 하더라도, 소수의 사람밖에 실행하지 못하는 것은 아닐까 하는 의문이 생긴다. 그러나 그런 염려는 할 필요가 없다.

어떠한 역경도 이길 수 있다

지금까지 살펴본 것처럼, 타고난 성질은 일체 관계가 없다. 재능이 있는 사람도, 머리가 좀 나쁜 사람도, 재치가 있는 사람도, 둔한 사람도, 건강한 사람도, 병약한 사람도 모두 부자가 되고 있다.

물론 어느 정도 생각하고 이해하는 능력은 필요하다. 다만 타고난 능력에 한해서 말하면, 이 책에 써 있는 것을 읽고 이해할 능력만 갖고 있으면 확실히 부자가 될 수 있다.

환경은 결정 요인이 아니라는 것에 대해서는 이미 언급했다. 그렇지만 장소는 분명히 중요하다. 사하라 사막 한가운데로 가지 않으면 완수할 수 없는 사업도 있을 것이다.

부자가 되기 위해서는 다른 사람과 거래를 하거나 거래를 하는 입장에 설 필요가 생길 것이다. 상대방이 자신과 똑같이 거래를 해 주면 좋겠지만, 그것은 어디까지나 상황 나름이다.

같은 도시의 누군가가 부자가 될 수 있다면, 당신도 부자가 되지 말라는 법은 없다. 같은 주의 누군가가 부자가 될 수 있다면, 당신도 부자가 될 수 있는 것이다.

되풀이해서 말하지만, 이것은 특정한 일이나 직업을 선택하는 문제가 아니다. 같은 업종에 종사하고 있는 이웃사람은 가난한 채로 살아가지만, 모든 일, 모든 직업에서 부자가 되는 것은 가능하다.

자신이 좋아하는 일, 체질에 맞는 일, 재능을 신장시킬 수 있는 일을 하면 대성공을 하겠지만, 재능을 발휘할 수 있는 일을 하면 더욱더 잘 될 것이다. 그리고 그 지방에 어울리는 일을 하면 큰 성공을 거둘 수 있을 것이다. 아이스크림 가게를 성공시키는 데에는 그린랜드보다는 무더운 지방이 좋고, 연어잡이를 한다면 연어를 잡을 수 없는 플로리다보다는 북서부 지방이 좋을 것이다.

이러한 상식적인 한계는 있지만, 부자가 될 수 있느냐 없느냐는 특정한 업종에 종사하는 것이 아니라, 어디까지나 '확실한 방법'에 따라서 일을 처리할 수 있느냐 없느냐에 달려 있다. 지금 종사하고 있는 업종에서, 같은 지역에서 같은 업종에 종사하는 다른 사람은 수입이 늘어나고 있는데도 자신은 어쩐지 돈벌이가 좋지 않다면, 그 원인은 상대방과 똑같은 방법으로 일을 처리하지 않았기 때문이다.

자금이 없는 탓으로 부자가 되지 못하는 일은 없다. 물론 밑천이 있으면 비교적 간단히 단기간에 돈을 늘릴 수 있겠지만, 자금이 있어서 이미 유복하다면, 그 이상 부자가 되는 방법을 생각할 필요가 없지 않겠는가.

비록 지금은 돈이 없더라도, '확실한 방법'으로 일을 처리한다면, 부자로의 첫걸음인 자금을 쉽게 손에 넣을 수가 있다. 자금을 손에 넣는 것은 부자가 되기 위한 하나의 과정인 동시에, '확실한 방법'으로 일을 처리하면 반드시 얻을 수 있는 성과이

기도 하다.

만일 지금 수중에 자금이 없더라도 자금을 손에 넣을 수 있을 것이다. 적성에 맞지 않는 일을 하고 있는 경우에는 자신에게 어울리는 일을 하게 될 것이다. 장소가 적절하지 않다면, 좋은 장소로 옮기면 되는 것이다.

지금 하고 있는 일과 지금 살고 있는 장소에서 시작의 종을 울리고 '확실한 방법'으로 일을 처리하여 성공을 향해 나가자.

부의 시크릿

03

기회는
빼앗는 자의 것이다

SECRETS OF THE RICH

자연은 한없는 자원의 보고이고,
그 혜택이 고갈되는 일은 없다.
'시원 물질'에는 창조 에너지가 넘쳐서
끊임없이 다양한 형상을 만들어 낸다.

틈새시장은 도처에 널려 있다

기회를 빼앗긴 탓으로, 혹은 누군가가 부를 독점하고 있다고 해서 돈과는 평생 인연이 없는 일은 없다. 분명히 일부 직업에 종사하는 길은 폐쇄되어 있을지도 모르지만, 다른 길은 얼마든지 열려 있다.

거의 독점 체제에 놓인 대규모의 철도 사업의 경영에 종사한다는 것은 아마 무리일 것이다. 그러나 전철이라면 아직 요람기여서 얼마든지 사업을 확대할 가능성이 있으며, 앞으로 1, 2년쯤 지나면 항공 운수가 큰 사업이 되고, 거기에서 파생된 일에 수십만, 아니 수백만 명이나 되는 사람들이 종사하게 될 것이다.

지금 사업을 시작하려고 한다면 철도왕 제임스 J. 힐James Jerome Hill, 1838~1916(미국의 철도왕. 1890년에 그레이트 노던 철도 회사를 창립)과 경쟁하여 증기 철도 사업에 나설 생각 같은 것은 하지도 말고, 항공 운수업의 발전에 주의를 기울여 보는 것이 어떻겠는가?

철강회사의 일개 노동자가 공장의 주인이 될 기회는 분명히 말하지만 거의 없을 것이다. 그렇지만 '확실한 방법'에 따라서 행동을 시작하면, 철강회사의 일을 그만두고 10~40에이커(약 12000평~48000평)정도의 농지를 구입해서 식량 생산 사업을 일으킬 수는 있을 것이다.

작은 구획의 토지에서 나오는 수입으로 살면서, 작물 재배에 열심히 힘쓰는 사람은 이제 곧 큰 기회를 손에 넣게 될 것이다. 그들은 반드시 부자가 될 것이다.

당신은 토지를 손에 넣을 수 없다고 생각할지도 모른다. 그러나 그것은 불가능한 일이 아니다. '확실한 방법'에 따르면, 농지를 손에 넣을 수 있다는 것을 이제부터 증명해 보기로 하겠다.

흐름을 읽고 물결을 타라

좋은 기회의 물결은 주기마다 전체의 필요와 그때그때의 사회의 발전 단계에 따라 여러 방향을 향하여 흘러가는 것이다.

현재 미국에서는 공장 노동자에게 기회가 열려 있다. 그리고 앞으로는 농업 및 농업에 관련된 산업이나 직업에 그 물결이 향해 갈 것이다.

공장 노동자를 통솔하는 기업가보다는 농가에 부응하는 실업가에게, 노동자 계급에 도움을 주는 전문가에게 기회가 열려 있다.

흐름을 거역하는 것이 아니라 흐름을 타는 사람은 많은 기회를 얻을 수 있다. 다시 말하면, 공장 노동자는 개인으로서도 전체로서도 기회를 빼앗긴 것이 아니다. 노동자는 경영자한테 억압받고 있는 것이 아니다. 회사나 복합 자본한테 혹사당하고 있는 것이 아니다. 노동자 전체가 그 계급에 머물러 있는 것은 '확실한 방법'을 따르지 않기 때문이다.

미국의 노동자가 그럴 마음만 있다면, 벨기에 같은 외국의 사업가한테 배워서 대규모의 백화점 사업이나 협동조합 사업을 일으키고, 동료를 정권의 자리에 앉혀서 협동조합 사업의 발전을 촉진하는 법률을 통과시키고, 몇 년 안에 그 사업 분야를 독점할 수도 있을 것이다.

'확실한 방법'을 따르면, 노동자가 경영자로 될 가능성도 나올 것이다. 부의 법칙은 다른 모든 사람과 마찬가지로 노동자에게도 들어맞기 때문이다.

노동자는 모두 그것을 배워야 한다. 그리고 지금과 똑같은 일을 계속하는 한 똑같은 곳에 머물러 있게 된다는 것도 명심하지 않으면 안 된다.

그러나 노동자 한 사람 한 사람이 노동층 전반에서 볼 수 있는 무지나 무기력이 시키는 대로 하지 않는다면, 기회의 물결을 타고 부자가 될 수 있다. 이 책에서는 바로 그 방법을 가르쳐 줄 것이다.

부는 무한히 퍼져 나간다

자원이 풍족하지 못하기 때문에 부자가 되지 못하는 것은 아니다. 전세계의 사람들이 쓰고 남을 정도로 자원은 풍족하다.

미국 한 나라의 건축 재료를 사용하는 것만으로 워싱턴의 국회 의사당 같은 대저택을 전 세계의 가족에게 1채씩 충분히 지어 줄 수가 있다. 미국에서 집약 재배를 한다면, 양털, 목화, 삼, 명주를 생산하여 전 세계의 사람들에게, 영화의 절정에 있었던 솔로몬왕의 단장보다 훨씬 더 화려한 의복을 공급할 수 있다. 물론 전 세계 사람들을 여유를 갖고 부양할 수 있을 만큼의 식량도 생산할 수가 있다.

인류가 살아가는 데 눈에 보이는 것조차 한이 없을 정도로 풍족하지만, 눈에 보이지 않는 것이야말로 매우 많이 주어져 있다.

이 세상의 모든 것은 유일한 '시원 물질(우주 생성 과정에서 우주가 출현하기 전에 떠돌고 있던 수소, 헬륨 등. 원물질, 프리마 마테리아, 제1물질, 제1질료)'에서 유래한다. 만물은 이 물질에 의해서 생성된 것이다.

새로운 형상이 차례차례로 만들어지면 오래된 것은 소멸되지만, 그것들 전부는 '유일한 물질'이 변화한 갖가지 형상인 것이다.

"혼돈Khaos(유일한 물질의 다른 이름. 『창세기』 첫머리에는, '땅이 혼돈하고 공허하며 흑암이 깊음 위에 있고 하나님의 영은 수면 위에 운행하시니라'는 말이 있다)"이라고 하는 '시원 물질'은 무한히 주어지는 것이다. 거기에서 우주가 생성된 뒤에도, '시원 물질'은 다 써 버릴 수가 없었던 것이다.

눈에 보이는 우주 공간의 구석구석까지 '시원 물질'과 '혼돈'과 '만물의 소재'가 퍼져 있고 가득 차 있다. 이전에 만들어진 것의 1만 배의 것이 앞으로도 만들어질 것이고, 그렇게 되더라도 우주의 근원 물질의 보급이 끊어지는 일은 없을 것이다.

다시 말하면, 자연이 풍족하지 못하기 때문에, 혹은 자연의 것이 충분히 보급되지 않기 때문이라는 이유로 풍요로워지지 못하는 일은 없다.

자연은 한없는 자원의 보고이고, 그 혜택이 고갈되는 일은 없다. '시원 물질'에는 창조 에너지가 넘쳐서 끊임없이 다양한 형상을 만들어 낸다.

건축 재료를 다 써 버리면, 더욱더 많은 건축 재료가 만들어질 것이고, 토지가 불모로 되어서 식량이나 의류 원료의 생육이 되지 않게 되더라도 재생되거나, 혹은 새로운 토양이 만들어질 것이다.

금과 은이 이 지상에서 다 채굴되더라도, 인류가 아직 금과 은을 필요로 하는 발전 단계에 있다면, '혼돈'으로부터 새로 금과 은이 생산될 것이다. '혼돈'은 인류의 요구에 응해서, 반드시 좋은 것을 계속 가져다줄 것이다.

이와 같이 인류는 전체적으로 항상 자원을 혜택받고 있는 것이다. 그런 데도 가난한 사람들이 있는 것은 그 사람들이 부자가 되기 위한 '확실한 방법'을 따르지 않기 때문이다.

'혼돈'은 지성을 가진 물질이고, 사고력을 갖추고 있다. '혼돈'은 살아 있고, 그 삶을 더욱더 충실하게 만들고 싶어 한다.

지금 이상으로 충실한 삶을 보내려는 일은 생명이 있는 존재의 자연스러운 충동이다. 스스로를 신장시키려는 것은 지성의 본질이고, 스스로의 경계를 넓혀 충분히 표현하고 싶어 하는 것은 의식의 본질이다.

우주에 존재하는 여러 가지 형상은 스스로를 남김없이 표현하려고 하는 '무형의 산 물질'에서 바람직한 형상으로 생성된 것이다.

우주는 하나의 큰 '생명을 가진 존재'여서 항상 생기가 넘치는 생명 활동과 보다 충실한 기능을 발휘하려고 하고 있다.

자연은 생명이 진보하기 위해서 형상지워진 것이어서 생명의 번영이 원동력으로 되어 있다. 그 때문에 생명 활동에 도움이 되는 것은 전부 자연이 풍부하게 부여해 주는 것이다.

하나님이 자기모순에 빠지거나, 스스로 창조한 자연을 무無로 돌려보내지 않는 한, 그 혜택이 부족할 리가 없다.

자원이 풍부하지 않은 탓에 가난한 채로 지내는 일은 없을 것이다. '혼돈으로부터의 혜택'은 '확실한 방법'에 따라서 행동하고 생각하는 사람의 뜻대로 된다는 것을, 이제부터 이야기하기로 하겠다.

부의 시크릿
04

부를 손에 넣기 위한
3원칙

SECRETS of the RICH

인간의 손으로 만들어 내는 형상은
모두 원래는 머릿속에서 생각했던 것이다.
인간은 사고를 하고
비로소 사물을 현실의 형상으로 만드는 것이다.

사람은 생각한 대로 만들어 낸다

'혼돈'에서 형상이 있는 것을 만들어 내는 힘은 '사고력'밖에 없다. 만물의 근원은 사고력이고, '사고하는 물질'이 상상한 형상이 현실의 형상으로 만들어지는 것이다.

'시원 물질'은 스스로의 사고에 따라서 움직인다. 자연계에서 볼 수 있는 모든 형상과 변화 과정은 '시원 물질'이 생각한 것을 눈에 보이는 형상으로 표현한 것이다.

'혼돈'은 형상을 생각함에 따라 그 형상을 취하기 시작한다. 운동을 생각함에 따라 운동을 하게 된다. 만물은 바로 그렇게 해서 창조된 것이다.

우리들이 살고 있는 세계는 사고력에 의해서 만들어진 것이고, 세계는 사고력에 의해서 생성된 우주의 일부이다. 운동하는 우주라는 사고가 '혼돈'의 구석구석까지 퍼지고, 그 사고에 따라서 '사고하는 물질'이 움직여 가는 동안에 혹성 체계라는 형상을 이루고, 그 형상을 지속하게 되었던 것이다.

'사고하는 물질'은 그 형상이 되어 사고가 향해 가는 대로 운동을 한다.

태양과 세계의 선회 운동을 상상한 '사고력'은 그런 형상의 천체를 형성하고, 사고한 대로 그 천체군을 운동시킨다.

서서히 성장해 가는 떡갈나무를 사고한 경우에는 그것에 의해서 운동을 시작하고, 여러 세기의 시간을 거쳐서 이윽고 떡갈나무를 만들어 낸다.

창조 활동을 할 때에는 '혼돈'은 스스로 정한 법칙에 따라서 움직인다. 한 그루의 나무를 상상한 일만으로 갑자기 큰 나무가 생기지 않지만, 정해진 성장 법칙에 따라 나무를 창조하는 힘이 활동하기 시작한다.

사고의 중심에 있는 존재는 인간이다

'사고하는 물질'이 상상한 형상은 대부분의 경우, 정해진 성장과 활동 법칙에 따라서 현실의 형상으로 창조된다.

어떤 종류의 건축양식을 가진 집을 설계하는 생각을 했다고

하자.

그 생각은 '혼돈'에 전해진다. 그렇다고 해서 생각한 대로의 집이 금세 세워지는 것은 아니다. 그 대신에 이미 통상 분야에서 발휘하고 있는 창조력을 이 방면에서 작용하게 하면, 단기간에 집이 세워질지도 모른다.

다시 말하면, 창조력이 발휘되지 않으면, 유기물과 무기물이 서서히 진화할 때까지 기다리는 것이 아니라, 지금 있는 재료를 직접 사용해서 집을 세워도 되는 것이다.

사고된 형상은 '시원 물질'에 전해져서 현실의 형상으로 창조된다.

인간은 사고의 중심이고, 사물을 생각해낼 수 있는 존재이다.

인간의 손으로 만들어 내는 형상은 모두 원래는 머릿속에서 생각했던 것이다. 인간은 사고를 하고 비로소 사물을 현실의 형상으로 만드는 것이다.

이제까지 인간은 인간이 만들어 낸 것에밖에 힘을 쏟지 않았다. 이제까지 많은 형상이 있는 것에 힘을 기울여 기존의 형상을 바꾸거나 수정하는 일만 해 왔다.

자기 자신의 사고를 '혼돈 물질'에 전해서 새로운 것을 창조하는 일 등은 생각해 보지도 않았다.

사람이 사물의 형상을 사고할 때에는 자연계의 형상에서 소재를 구하고, 마음에 떠오른 형상을 구체적으로 만들어 간다. 우리들은 이제까지 '혼돈을 지배하는 지성'과 협력하려고는, 다시 말하면 '하나님과 함께' 일하려고는 하지 않았다. "아버지께서 행하시는 그것을 아들도 그와 같이 행하느니라(요한복음 5장 19절)"는 꿈에도 생각지 않았던 것이다.

우리들은 인간의 손으로 만든 기존 형상을 다시 만들거나 수정할 뿐이고, 자신이 상상한 것을 '혼돈'과 대화하면서 만들어 낼 수 있다고는 생각해 보지 않았다.

이 책에서는 그것이 가능하다는 것, 누구나 할 수 있다는 것과 실천 방법을 이야기하겠다. 우선 첫걸음으로 3가지 제안을 하고 싶다.

부를 만들어 내는 3원칙

첫째로, '시원 물질'이라는 혼돈된, 만물을 만들어 낸 물질이 있다는 것을 확인해 두기 바란다.

모든 원소는 표면상으로는 다르게 보이지만, 실제로는 하나의 원소가 여러 가지 형상으로 나타난 것에 지나지 않는다. 유기물이나 무기물로 보이는 수많은 형상은 전부 모양이 다를 뿐 완전히 동일한 물질로 이루어져 있다.

이 물질이야말로 '사고하는 물질'이고, 거기에 전해진 사고가 현실에서 형상으로 나타난다. 사고가 '시원 물질'에서 형상을 만들어 내는 것이다.

인간은 사고가 중심이어서 독창적인 생각을 만들어 낼 수가 있다. 만일 사고를 '시원 물질'에 전할 수 있다면, 상상한 것을 형상으로 만들 수가 있다. 이제까지 설명한 것을 요약하면 다음과 같다.

1 만물의 근원은 사고하는 물질이다. 사고하는 물질은 시원 상태에서 우주 공간의 구석구석까지 퍼지고, 침투하고, 충만해 있다.

2 사고하는 물질 속에서 생겨난 사고는 상상한 것을 형성하고 만든다.

3 사람은 여러 가지 형상을 생각하고, 혼돈에 전해 그것이 만들어지도록 손을 쓴다.

이 원칙의 옳음을 증명할 수 있느냐고 묻는다면, 상세한 검토는 일단 미루고, 논리적·경험적으로 증명할 수 있다고 대답

하겠다.

형상과 사고를 둘러싸는 현상을 추구하면, 그 근원은 '사고하는 물질'이고, '사고하는 물질'이 만들어 내는 것은 인간의 사고에 의해서 결정된다는 사실에 도달한다.

많은 사람들이 실천함으로써 이 원칙에 오류가 없다는 것이 증명되었다. 그것이 무엇보다도 가장 좋은 증거이다.

이 책의 내용을 실천하여 부자가 된 사람이 예컨대 한 사람밖에 없다면, 그것은 나의 증언이 옳다는 것을 보여주는 보잘 것없는 예에 지나지 않는다. 그러나 내용을 실천한 사람이 전원 부자가 되었기 때문에, 똑같은 실천을 해서 실패하는 사람이 나타나지 않는 한, 그것은 내 이론을 증명해 주는 확실한 증거인 것이다.

똑같은 방식으로 실패하는 사람이 나온다면, 이 이론이 옳다는 주장을 뒤집어엎을 수 있겠지만, 앞으로도 이 방법으로 실패하는 사람은 없을 것이다. 왜냐하면, 이 책의 내용을 충실히 실천하는 한 부자가 되지 못할 리가 없기 때문이다.

'확실한 방법'에 따라서 일을 처리하면 부자가 될 수 있다는 것은 이미 설명했지만, 그러기 위해서는 '확실한 방법'에 따라서 사고하도록 해야 한다.

외관에 현혹되지 말고 항상 진실을 사고하라

인간의 행동을 결정하는 것은 사물에 대한 개인의 사고다.

생각대로의 방식으로 사물을 만들기 위해서는 우선 생각대로 할 수 있는 사고 방법을 익혀야 한다. 이것이 풍요로워지기 위한 첫걸음이다.

생각대로 사고하는 것은 외관에 현혹되지 않고 '진실'을 사고하는 것이다.

생각대로 사고하는 능력은 누구나 태어나면서부터 갖고 있다. 다만 그러기 위해서는 외관을 보고 사고하는 것보다는 훨씬 더 큰 노력이 필요하다.

외관을 보고 사고하는 것은 간단하다. 그러나 외관에 현혹되지 않고 진실을 사고하는 것은 무척 힘든 일이고, 자신이 완수해야 할 다른 어떤 일보다도 대단히 힘든 작업이다.

계속해서 생각하는 활동만큼 피하고 싶은 작업은 없다. 세상에 이렇게 호된 중노동은 없을 것이다.

특히 진실이 외관과 반대일 때에는 그 경향이 현저하다. 이 세상에 있는 사물의 외관에는 그것을 보는 사람의 머릿속에 대상과 동일한 형상을 만들어 내는 경향이 있다. 그것을 피하기 위해서는 '진실'을 사고하는 수밖에 없다.

질병의 외관을 보게 되면, 마음속에 병의 형상이 만들어지고, 마지막에는 몸에도 병이 생겨 버린다. 그렇게 되지 않기 위해서는 병이 아니라 병의 거짓 모습이 존재할 뿐이고, 본래의 모습은 건강하다는 진실을 계속해서 사고하는 것이 중요하다.

돈이 없는 상태를 보면, 마음에도 그런 형상이 생겨난다. 그렇게 되지 않기 위해서는 돈에 시달리기는커녕 여러 가지 혜택을 받고 있다는 사실을 마음에 새겨 두어야 한다.

거짓 모습이라 하더라도, 병에 둘러싸인 환경에서 건강을 생각하고, 외관으로는 돈이 없는데도 부유한 것을 생각하기 위해서는 '힘'이 필요하다.

그러나 이 힘을 획득한 사람은 '탁월한 지성의 소유자'가 된다. 그 사람은 운명을 극복하고, 원하는 것을 손에 넣을 수 있을 것이다.

이 힘을 얻기 위해서는 모든 외관 아래에 숨겨진 본질적인 사실을 이해할 필요가 있다. 그리고 그 본질적인 사실에 대한 만물의 근원은 단 하나 '사고하는 시원 물질'이라는 것이다.

거기에서 자라난 모든 사고는 형상이 된다는 것, 또 거기에 전하므로써 사고를 눈에 보이는 형상으로 된다는 진실을 우리들은 잘 이해해야 한다.

이것을 깨닫게 되면 모든 의문과 걱정이 풀리게 된다. 왜냐하면, 우리들은 생각대로의 것을 상상할 수 있고, 생각대로의 것을 손에 넣고, 생각대로의 것을 만들 수 있기 때문이다. 부자가 되기 위한 첫걸음으로 이 장에서 언급한 기본 원칙을 신조로 지키기 바란다. 중요한 것이니까 여기에서 다시 되풀이해서 강조하겠다.

- 만물의 근원은 사고하는 물질이다. 사고하는 물질은 시원의 상태에서 우주 공간의 구석구석까지 퍼지고, 침투하고, 충만해 있다.
- 사고하는 물질 속에서 생겨난 사고는 상상한 것을 형성하고 만들어 낸다.
- 사람은 여러 가지 형상을 생각하고 혼돈에게 전해 그것이 만들어지도록 손을 쓴다.

이 일원론—元論 이외의 우주 개념은 포기해야 한다. 머리에 그것이 확고히 정착해서 개념이 몸에 붙을 때까지 일원론에 대하여 깊이 생각해 보기 바란다.

여기에서 열거한 신조를 몇 번이고 되풀이해서 읽어야 한다. 어구를 전부 기억에 새기고, 생각을 돌려서 확고히 믿을 수 있게 되어야 한다.

왜 이런 것이 진실이냐고 물을 필요도 없다. 도대체 어째서 이것이 진실일까 하고 고민할 필요도 없다. 그냥 이것을 믿기 바란다.

부자가 되기 위한 과학적인 지식은 이 신조를 절대적인 것으로 받아들이는 것에서부터 시작되기 때문이다.

부의 시크릿
05

우주는 당신이 원하는
모든 것을 도와준다

SECRETS OF THE RICH

우주는 당신이 원하는 것을
뭐든지 가져다주고 싶어 한다.
자연 또한 당신이 하고 싶은 일을 도와준다.
이 모든 것은 당신의 편이 되어 준다.

생명을 가진 모든 것은 계속해서 성장한다

고루한 신앙심은 미련없이 떨쳐 버려야 한다. 혜택받지 못한 생활을 하는 것은 하나님의 뜻이 아니며, 그것을 계속한다고 해서 마음을 따르는 것도 아니다.

전부이고, 모든 것 속에 있는 '지적 물질'은 모든 것 속에서 살고, 당신 안에서도 살고 있는, 의식을 가진 '살아있는 물질'이다. '지적 물질'에는 모든 살아있는 지적 존재(인간)와 마찬가지로, 번영을 추구하는 성향과 소원이 갖춰져 있다.

생명을 가진 것은 모두 계속 성장을 하고 있는데, 그것은 살아가는 행위 자체가 번영을 목적으로 하고 있기 때문이다.

한 알의 씨앗이 땅에 떨어져 움직이기 시작하면, 살아서 100개의 열매를 맺는다. 생명은 스스로 활동하는 것에 의해서 자기 자신을 증식시켜 나간다. 씨앗은 영원히 증식시키고, 생명이 있는 한 그 활동을 계속한다.

'지식'도 마찬가지로 끊임없이 발전해 나간다. 우리들이 뭔가를 사고하면, 거기에서 새로운 사고가 생겨나서 의식이 점점 더 깊어진다.

하나를 알면 반드시 다른 것도 알게 되고, 지식이 차례차례로 늘어나게 된다. 하나의 재능을 신장시키면 다른 재능도 신장되고 싶어 한다. 발로를 추구하는 생명에 의해서, 우리들은 지식을 더욱더 심화시키고, 행동을 넓히고, 자신을 고양시켜 간다.

지식을 심화시키고 행동을 넓히고 자신을 고양시키기 위해서는 여러 가지 것을 손에 넣어 이용해야 한다. 많은 것이 주변에 있어도 이용하지 못한다면, 배우거나 행동하거나 되고 싶은 것이 될 수가 없다.

충실한 인생을 보내기 위해서는 부자가 될 필요가 있다.

부자가 되고 싶다는 소원은 알기 쉽게 말하면, 부유한 생활을 실현시키는 능력이다. 소원은 가능성을 실현시키려고 하는 활동이고, 실현할 수 있는 힘이 있기 때문에 사람은 소원을 품는 것이다.

당신에게 부자가 되고 싶다고 생각하게 만든 것은, 식물을 성장시키는 힘과 마찬가지로 발로를 추구하고 성장하려고 하는 '생명'인 것이다.

우주는 당신이 바라는 것을 가져다준다

'유일한 살아있는 물질'은 만물에 본래적으로 갖춰진 이 법칙에 따라서 번영의 소원으로 가득차 있다. 그래서 여러 가지 것을 만들어 내지 않고는 있을 수가 없다.

'유일한 물질'은 당신 안에서 번영하기를 바라고 있고, 그 때문에 당신이 모든 것을 손에 넣어 이용하기를 원하고 있다.

당신이 부자가 되기를 하나님은 바라고 있다. 그것은 당신이 많은 것을 가지면 그만큼 당신을 통해서 하나님이 자신을 한층 더 풍부하게 표현할 수 있기 때문이다. 당신의 재력이 풍족할수록 하나님은 당신 안에서 번영한다.

우주는 당신이 바라는 것은 뭐든지 다 가져다주고 싶어 한다.

자연은 당신이 하고 싶은 일을 도와준다.

모든 것이 당신 편이 되어 준다.

그것이 진실이라는 것을 마음에 새겨 두기 바란다.

단 그러기 위해서는 당신이 의도하는 것과 만물이 의도하는 것이 일치해야 한다.

육체의 감각을 만족시킬 뿐만 아니라 충실한 인생을 추구하기 바란다. 산다는 것은 기능을 작용하게 하는 것이고, 한 사람한 사람이 모든 기능을 작용하게 하여 몸과 지혜와 마음이 가질 수 있는 힘을 치우침 없이 발휘할 때 비로소 충실한 인생을 보낼 수가 있다.

부자가 되는 진짜 목적을 알아야 한다

부자가 되는 목적은 본능이 향해 가는 대로 사는 것이 아니다. 동물적인 욕망을 추구하는 것은 인생이라고 할 수 없다.

물론 살아가기 위해서는 몸의 모든 기능이 작용해야 한다. 몸의 요구를 자연스럽고 건강한 형상으로 나타내려고 하지 않는 사람은 풍요로운 인생을 보내고 있다고는 할 수 없는 것이다.

부자가 되는 목적은 단지 정신적인 기쁨을 얻고, 지식을 증진시키고, 야심을 채우고, 타인을 능가하고, 유명해지는 것이 아니다. 이런 것들은 누구나 다 추구하는 것이지만, 지식을 증진시키는 것만을 목적으로 살고 있는 사람은 뭔가가 충족되지 않아서 자신의 운명에 도저히 만족할 수가 없을 것이다.

부자가 되는 목적은 그냥 사람들의 행복을 바라고, 인류의 구제에 애쓰고, 자선 활동이나 희생적인 활동을 하고 혼자 만족하는 것이 아니다. 정신적인 기쁨은 인생의 일부에 지나지 않으며, 인생의 다른 요소에 비해서 특별히 뛰어나거나 숭고한 것도 아니다.

부자가 되는 목적은 음식이나 그것에 수반하는 기쁨에 빠지기 위한 것이 아니다. 아름다운 것들에 둘러싸이기 위한 것도, 먼 곳에 여행을 가기 위한 것도, 마음을 보호육성하고 지력을 발달시키기 위한 것도 아니다. 이웃사람을 사랑하고, 친절한 행위를 하고, 세계가 진실에 눈을 뜨도록 도와주기 위한 것도 아니다.

남을 배려하는 마음이 지나치면, 극도의 이기주의나 다름없어진다. 자신을 희생해서 타인을 위해 일하는 것을 하나님이 요구하고 있다든가, 그렇게 하면 하나님의 은총을 받을 수 있다는 생각은 포기하기 바란다. 이런 것을 하나님은 일체 요구하지 않는다.

하나님이 요구하고 있는 것은 당신 자신의 능력을 최대한으로 활용하는 것이다. 그것은 당신을 위한 일이 되고, 다른 사람을 위한 일이 되기도 한다. 무엇보다도 당신 자신의 능력을 최대한으로 활용하는 것이 다른 사람을 도와주는 일이 되는 것이다.

그러기 위해서는 우선 먼저 부자가 될 필요가 있고, 그 방법을 최우선으로 생각하는 것은 이치에 맞는, 칭찬받아 마땅한 행동이다.

경쟁 원리에서 빠져나와라

'유일한 물질'은 만물을 생각하고, 만물의 번영을 위하여 활동하지만, 퇴보하기 위한 활동은 하지 않는다는 것을 잊지 말라.

'물질'이 모든 것 안에 똑같이 존재하는 이유는 풍요와 생명의 번영을 추구하기 때문이다.

'지적 물질'은 당신을 위하여 여러 가지 것을 준비한다. 그러나 다른 사람에게서 빼앗은 것을 당신에게 주는 것이 아니다.

경쟁심을 버리기 바란다. 당신은 만들어 낼 수 있으니 이미 만들어진 것을 갖기 위해 다른 사람과 쟁탈할 필요가 없다.

누구한테도, 아무것도 빼앗을 필요가 없다.

특히 장사를 능숙하게 잘할 필요가 없다. 낮은 임금으로 다른 사람에게 일을 시킬 필요가 없다.

남의 재산을 부러워하거나 선망의 대상으로 삼아서는 안 된다. 다른 사람이 갖고 있는 것은 모두 그 사람으로부터 빼앗지 않더라도 손에 들어온다.

당신은 경쟁이 아니라 창조적인 활동을 해서 원하는 것을 손에 넣을 수 있다. 그렇게 함으로써 모든 상대방에게 이익을 가져다주게 될 것이다.

그와 정반대의 방식으로 거액의 부를 획득하는 사람이 있다는 것을 알고 있다. 여기서 보충 설명을 하기로 하겠다.

부호라고 불리우는 사람들은 유례가 드문 경쟁 능력에 의해서 부를 손에 넣는다. 때로는 산업 혁명을 통하여 민족 전체를 향상시킨다는 그들의 숭고한 목적과 활동이 무의식중에 '물질'의 의도와 일치하는 일도 일어난다.

록펠러, 카네기, 모건 같은 대부호는 무의식중에 '하나님'을 대신해서, 산업과 공업을 조직화하고 편성하기 위하여 필요한 일을 계속해 왔다. 그 결과, 그들의 사업이 수많은 사람들의 번영에 크나큰 공헌을 했던 것이다.

그 전성기가 이윽고 끝나고, 제조 과정을 조직화한 그들 대신에 앞으로는 대중 속에서 나온 사람이 유통 기구를 조직화해 나가게 될 것이다.

대부호는 선사 시대의 공룡 같은 것이어서, 진화 과정에서는 필요하지만, 대부호를 만들어 낸 것과 똑같은 '힘'의 작용으로 도태된다.

대부호들은 실제로는 만족스런 생활을 하지 못했다는 사실을 명심해야 할 것이다. 이런 계층 사람들의 사생활에 관한 기록을 보면, 어느 누구보다도 비참하고 참혹하고 가련한 사람들이었다는 것을 알게 될 것이다.

경쟁 원리가 작용하는 곳에 재산을 보관하니까 안심할 수가 없으며, 안전하지도 않다. 오늘은 자신의 것이라 하더라도 내일은 다른 사람의 것이 될지도 모른다.

과학적이고 확실한 방법으로 부자가 되려고 한다면, 경쟁심을 완전히 포기할 필요가 있다. 주어지는 것에 한계가 있다고는 결코 생각해서는 안 된다.

모든 부가 은행 등에 의해서 '매점買占'되고 지배되고 있다고 생각하여, 그것을 저지하는 법률을 통과시키려고 동분서주하기 시작하면, 순식간에 경쟁심이 싹터서 창조력이 당분간 없어지고, 이미 시작한 창조적 활동도 중단해야 할 것이다.

당신을 기다리는 한없는 혜택

지상의 산들에는 수백만 달러의 가치를 가진 돈이 햇빛을 보지 못한 채 잠자고 있다는 것을 잊지 말아야 한다.

만일 지금은 돈이 없더라도 '사고하는 물질'로부터 만들어져서 보급된다는 것을 마음에 새겨 두기 바란다.

자금이 필요하면 이윽고 주어질 때가 올 것이다. 설사 그 때문에 내일 급히 1천 명을 동원해서 새로운 금광을 발견하지 않으면 안 된다 하더라도, 그 사실에는 변함이 없다는 것을 잊지 말라.

눈에 보이는 형상으로 주어진 것이 아니라, '혼돈' 속에서 잠자는 무한의 부에 눈을 돌리기 바란다.

그런 것들은 지금 바로 당신에게 향해 오는 도중이고, 도달하면 즉시 이용할 수 있다는 것을 '이해'해 두어야 한다.

누군가가 눈에 보이는 자원을 둘러싸서 가두더라도, 당신에게 주어지는 혜택을 막을 수는 없다.

집을 지을 준비도 하지 않았을 때부터 서두르지 않으면 좋은 장소를 전부 놓쳐 버릴 것이라고 안달해서는 안 된다. 트러스트trust(독점적 기업 활동)나 복합 자본에 대해서 고민하거나, 그들이 지구 전체를 지배하는 것은 아닐까 하고 걱정할 필요는 없다.

그들한테 '선수를 빼앗긴' 탓으로 바라던 것이 손에 들어오지 않을 것이라고 걱정해서도 안 된다. 남이 가진 물건을 탐내지 않는다면 그 걱정은 쓸데없는 걱정이 된다.

당신은 '혼돈'으로부터 무엇인가가 생겨나도록 스스로 손을 쓰면 되는 것이다. 한없는 혜택이 당신을 기다리고 있다. 여기에서 언급하는 공식은 부를 얻기 위한 기본 원칙이다.

앞장에 이어 다시 한 번 반복하여 강조하니 제발 잊지 말기 바란다.

- 만물의 근원은 사고하는 물질이다. 사고하는 물질은 시원의 상태에서 우주 공간의 구석구석까지 퍼지고, 침투하고, 충만해 있다.
- 사고하는 물질 속에서 생겨난 사고는 상상한 것을 형성하고 만들어 낸다.
- 사람은 여러 가지의 형상을 생각하고 혼돈에 전하여, 그것이 만들어지도록 손을 쓴다.

부의 **시크릿**

06

부는 어디에서
어떻게 얻는가?

SECRETS OF THE RICH

누구에게나 대가보다 나은 이용 가치를
제공해 주기 바란다.
그렇게 하면 거래를 할 때마다
당신 덕분에 전세계 사람들의 생활이 향상된다.

받은 이익보다 더 많은 가치를 주어라

장사를 잘할 필요는 없다. 그렇다고 해서, 일체의 거래를 하지 않아도 된다는 의미는 아니다. 아무하고도 거래를 하지 않은 채 잘 살아갈 수 있다는 의미도 아니다.

불공정한 거래를 할 필요는 없으며, 공짜로 뭔가를 손에 넣어서도 안 되지만, 그 대신 누구에게든 받은 대가보다 더 나은 가치를 그 사람에게 가져다주어야 한다는 것이다.

대가 이상의 현금을 상대방에게 건네 줄 수는 없지만, 대가보다 나은 '이용 가치'를 제공하는 것은 가능하다.

예를 들어, 내가 저명한 화가의 회화 작품을 갖고 있다고 하자. 문명사회에서라면 수천 달러의 값을 매길 수 있는 작품이다. 그것을 북극권의 버핀만까지 가지고 가서 에스키모에게 500달러 상당의 모피와 교환하자고 '상거래'를 제의했다고

하자.

상대방은 그 그림을 갖고 있어 보았자 아무 도움도 되지 않으니까, 나는 실질적으로는 그 사람을 속인 셈이 된다. 그것으로 상대방의 생활이 풍요로워질 리가 없기 때문이다.

그러나 모피를 50달러 상당의 총과 교환한다면, 상대방에게는 의외로 싸게 산 물건이 된다. 총이 있으면 더욱더 많은 모피를 손에 넣고, 식량을 충분히 확보할 수 있어서 모든 면에서 생활이 향상되고 풍요로워질 것이기 때문이다.

경쟁을 그만두고 창조적인 일을 시작하는 경우에는 그때까지의 상거래를 상세히 검토해 보아야 한다. 상대방이 가져다주는 것과 비교해서 당신이 파는 것이 상대방에게 도움이 되지 않는다면 그 거래는 그만두도록 하라.

장사를 할 때 상대방을 속일 필요는 없다. 만일 남을 속이는 장사를 하고 있다면 당장 그만두어야 한다.

누구에게나 대가보다 나은 이용 가치를 제공해 주기 바란다. 그렇게 하면, 거래를 할 때마다 당신 덕분에 전세계 사람들의 생활이 향상된다.

남을 고용하고 있다면, 사원들에게 급료보다 나은 현금 이익을 내도록 해야 한다. 그러기 위해서는 승급 제도를 도입해서 매일의 업무가 승진에 조금이라도 이어지도록 사원들에게 동기 부여를 하는 것이 좋을 것이다.

당신이 이 책에서 얻은 영향을 사원들에게도 가져다주는 기업으로 만들기 바란다. 승급 제도를 만들어서 노력을 많이 한 사원들이 부자가 될 수 있는 구조를 만들면 좋다.

다짐을 하기 위해서 말하지만, 내면에 충만해 있는 '혼돈'으로부터 부를 만들어 내더라도, 공기가 저절로 무엇인가의 형상으로 눈앞에 나타나는 것은 아니다.

예를 들어, 당신이 재봉틀을 손에 넣고 싶어졌다고 가정하자. 재봉틀의 이미지를 '사고하는 시원 물질'에게 전하기만 하면, 애쓰며 일하지 않고도 재봉틀이 방 안에서 만들어지는 것은 아니다.

만일 재봉틀을 손에 넣고 싶다면, 강한 신념을 갖고 그것이 현재 제작중이거나, 아니면 내 수중에 운반되어 오는 도중이라고 믿어라. 일단 그 생각이 확립되면, 재봉틀이 금세 완성된다는 것을 무조건 믿고, 얼마 안 있으면 도착할 것이라는 것만 생각하거나 화제로 삼거나 해야 한다. 이미 내 것이라고 선언하는 것이다.

그러면, 원했던 것이 '지고한 지성'의 힘에 의해서 다른 사람의 마음에 작용하여, 당신에게 도착할 것이다. 메인주에서 살고 있다면, 텍사스에 살고 있는 사람이나 프랑스 사람과의 거래에서 바라던 것을 손에 넣을 수 있을지도 모른다.

그렇게 되면, 그 거래는 당신 한 사람 뿐만 아니라 상대방에게도 이익을 가져다준다. '사고하는 물질'은 만물을 통하여, 만물의 내면에서 만물과 의논하면서 만물에게 영향을 미친다는 것을 결코 잊어서는 안 된다.

생활의 충실과 향상을 추구하는 '사고하는 물질' 덕분에 이제까지 수많은 재봉틀이 만들어졌다. 희망과 확신을 갖고 '사고하는 물질'에게 손을 쓰면, 반드시 앞으로도 여러 가지 것이 수없이 만들어질 것이다.

한 대의 재봉틀이 당신에게 확실히 도착한 것처럼, 다른 것을 원한 경우에도, 당신은 그것을 확실히 손에 넣어서 당신 자신의 생활뿐만 아니라 다른 사람의 생활도 향상시킬 수가 있다.

하나님은 사람을 통하여 자신의 뜻을 구현한다

망설이지 말고 많은 것을 구해도 된다.

"너희들의 아버지이신 하나님은 기꺼이 너희들에게 나라를 베풀어 주기 때문이다"라고 예수도 말하고 있다.

'시원 물질'은 당신이 모든 가능성을 신장시키고, 가능한 것을 손에 넣고 이것을 활용해서 풍요로운 생활을 하도록 바라고 있는 것이다.

여러 가지 것을 풍족하게 갖고 싶다는 당신의 소원은 바로 자신을 충분히 드러내려고 하는 전능하신 하나님의 바람 그 자체이다. 그것을 의식에 확실히 새겨 두면 당신의 확신은 부동의 것이 될 것이다.

이전에 나는 한 소년이 피아노 앞에 앉아서 건반을 두드려 음악을 연주하려고 헛되이 노력하고 있는 모습을 본 적이 있다.

그 아이는 연주를 제대로 하지 못하는 자신을 한탄하고 짜증을 부리기 시작했다. 무엇 때문에 그렇게 애를 태우고 있느냐고 물으니까 아이는 이렇게 대답했다.

"나의 내면에서는 음악이 울려 퍼지고 있는 데도 손가락이 생각대로 움직여 주지 않아요."

소년의 내면에서 울려 퍼지고 있던 음악은 만물의 모든 가능성을 내포한 '시원 물질'의 충동인데, 소년을 통하여 음악을 나타내려고 했던 것이다.

'유일한 물질'인 하나님은 사람의 형상을 빌려 살면서 많은 일을 행하고, 여러 가지 경험을 하고 싶어 한다.

"이 손으로 훌륭한 건물을 만들고, 아름다운 음악을 연주하고, 멋진 그림을 그리고 싶다. 이 발로 일하러 가고, 눈으로는 아름다운 창조물을 보고, 이 입으로 힘찬 진실의 말을 하고, 노래를 잘 부르고 싶다"고 바라는 것이다.

모든 능력이 사람을 통해서 표현되기를 원한다. 하나님은 음악을 연주할 수 있는 사람이 피아노나 다른 악기를 손에 넣어 재능을 최대한으로 신장시키기를 바란다.

아름다움의 가치를 아는 사람에게는 아름다운 것을 신변에 두기를 바란다.

진실을 아는 사람에게는 여행을 해서 견문을 넓히기를 요구하고 있다. 의복의 가치를 아는 사람에게는 아름다운 옷을 입기를, 맛있는 음식 맛을 아는 사람에게는 질 좋은 음식이 주어지기를 바라고 있다.

이러한 것을 하나님이 바라는 이유는 '자신'이 그것을 기뻐하고, 그 가치를 인정하기 위해서다. 연주를 하거나 노래를 부르거나, 아름다움을 감상하거나, 진실을 말하거나 아름다운 옷을 입거나, 맛있는 음식을 먹는 것은 하나님 자신의 소원이다.

"너희 안에서 행하시는 이는 하나님이시니 자기의 기쁘신 뜻을 위하여 너희에게 소원을 두고 행하게 하시나니(빌립보서 2

장 13절)"라고 사도 바울은 쓰고 있다.

당신이 여러 가지 것을 손에 넣고 싶어 하는 것은, 피아노를 치는 소년을 통해서 자신을 나타내 보여주려고 한 것처럼, 당신을 통해서 자신을 나타내 보여주려고 하는 '창조주'의 소원의 발로인 것이다.

그러니까 주저하지 말고 당신은 많은 것을 구해도 된다.

구하라, 그러면 얻을 것이다

당신이 해야 할 일은 하나하나의 일을 명확히 해서 하나님의 뜻을 실현하는 것이다.

많은 사람들이 잘못하고 있는 것은, 가난과 자기희생을 하나님이 기뻐하고 있다는 고루한 생각에 사로잡혀 있는 것이다.

많은 사람들은 가난은 하나님 계획의 일부이고, 원래부터 필연적인 것이라고 간주한다. 하나님이 천지창조를 마치고, 창조할 것을 전부 만들어 낸 이상, 물건이 충분히 보급되지 않으면 자신은 가난에 만족해야 한다고 생각한다.

이런 잘못된 생각에 사로잡혀 있기 때문에 부를 추구하는 행동은 부끄러운 일이어서 생활하는 데 곤란하지 않을 정도의

적당한 수입 이상의 것은 바라지 않는다.

나는 지금도 한 수강생을 잊지 못하고 있다.

나는 그에게, "갖고 싶은 것을 확실하게 이미지로 그려 보시오. 그러면 창조적인 생각이 '혼돈'에 전해질 것입니다" 하고 말했다.

수강생은 생계가 곤란해서 셋방에서 그날그날을 지내고 있었기 때문에, 모든 것이 주어진다는 말을 이해하지 못했다. 지금까지 배운 말을 곰곰이 생각해 본 끝에, 추운 계절에 융단과 무연탄 난로를 바라는 것은 무리가 아닐 것이라는 결론에 도달했다.

이 책의 가르침에 따라서 수강생은 몇 개월 안에 그것들을 손에 넣었다. 그리고 비로소 자신이 구하는 방식이 충분치 않았다는 것을 알았다.

그래서 온 집안을 점검해 모든 개선할 점을 정리했다. 여기에 퇴창을 만들면 좋겠다든가, 저기에 방이 하나 더 있었으면 편리하겠다는 등의 이미지를 추가해서 이상적인 집을 구상하고 가구와 집기에 대해서도 계획을 세웠다.

머릿속에 이미지의 전모를 그린 채 '확실한 방법'에 따라 생활한 수강생은 이제는 그 집을 매입해서 이미지대로 집을 개축하고 있는 중이다.

　그리고 한층 더 확신을 갖고 더 근사한 것을 손에 넣으려고 하고 있다. 그것이 가능했던 것은 강한 확신을 갖고 있었기 때문이다. 당신도, 물론 우리들도 똑같은 일을 할 수 있다.

부를 부르는
감사의 시크릿

SECRETS OF THE RICH

못해 보이는 것에 마음이 향하게 되면,
당신 자신도 점점 못해 보이게 되고,
못해 보이는 것들이 주변에 모이게 된다.

사람의 마음과 우주의 창조력은 친구다

앞장에서는 부자가 되기 위한 첫걸음은 당신이 바라는 것의 이미지를 정확히 '혼돈'에게 전하는 것이라는 것을 알았을 것이다.

그러기 위해서는 당신 자신이 '무형의 지혜'와 밀접한 관계를 가져야 한다.

'무형의 지혜'와 친밀한 관계를 만드는 것이 무엇보다도 중요하므로, 여기에서 지면을 할애하여 하나님의 뜻(의향)과 완전히 하나가 되기 위한 확실한 방법을 가르쳐 주겠다.

그러기 위한 마음의 움직임 전부를 '감사'라는 말로 설명할 수가 있다.

첫 단계에서는 모든 것을 움직이게 하는 '지혜의 존재=하나님'을 믿는 것이다.

다음 단계에서는 이 '존재'가 소원을 모두 이루어 준다는 것을 믿고, 마지막에는 마음으로부터 깊은 감사를 나타냄으로써 '존재'와 밀접한 관계를 갖는다.

다른 일에 대해서는 나무랄 데 없는 생활 태도를 갖고 있는 사람들 대부분이 감사하는 마음을 갖지 않기 때문에 풍족해질 수가 없는 것이다. 그들은 하나님으로부터 하나의 혜택을 받으면, 감사하는 것을 게을리해서 하나님과의 관계를 단절시킨다.

풍요함의 근원 가까이에 있으면 한층 더 많은 부를 향유할 수 있는 것과 마찬가지로, 감사로 가득찬 생활을 보내면 감사하는 마음을 갖지 않은 채 하나님으로부터 등을 돌리는 사람보다 훨씬 더 하나님에게 가까운 곳에 있을 수 있다.

우리들이 하나님에게 감사를 하면 할수록 많은 것을 가져다 준다. 보다 좋은 것을 점점 더 빨리 준다. 그것은 감사로 가득찬 태도가 우리들의 마음을 은총의 근원인 하나님 가까이로 끌어당겨 주기 때문이다.

감사하는 마음을 가짐으로써 당신의 마음과 우주의 창조력과의 친밀한 관계가 깊어진다는 것은 의외의 사고방식인지도 모른다. 하지만 잘 생각해 보면, 그것은 확실히 진실이라는 것을 알게 될 것이다.

당신이 이미 갖고 있는 수많은 좋은 것들은 확실한 법칙에 따라서 당신의 것이 되었다.

감사하는 마음을 가지면 마음이 열려서 많은 것을 얻게 되고, 창조적인 사고에 가까이 다가가서 경쟁심 같은 것을 전혀 품지 않게 된다.

감사하는 마음을 가지면, 온갖 물건에 눈길이 가지만 한정된 것밖에 주어지지 않는다는 오해를 하지 않게 된다.

감사의 법칙

감사에는 어떤 법칙이 작용하고 있어서 소원이 이루어지게 하기 위해서는 절대로 그 법칙을 지켜야 한다.

'감사의 법칙'이란, 작용과 반작용은 항상 균등하게 각각 반대 방향으로 향하여 작용한다는 자연의 법칙이다.

하나님에게 감사하는 마음을 전하는 것은 힘을 해방시켜 밖으로 내보내는 것이다. 그것은 반드시 하나님에게 작용하여 순식간에 그 반작용을 받게 된다.

"하나님에게 가까이 가라. 그러면 하나님은 당신에게 다가와 준다"는 것은 심리학적 진실을 밝힌 말이다.

그리고 강한 감사의 마음을 계속 가지면, '혼돈'으로부터도 강한 반작용이 계속되어서, 당신이 바라던 여러 가지 일이 끊임없이 당신을 향하여 움직인다.

예수의 감사로 가득 찬 태도를 확인해 보기 바란다. 어떤 장면에서라도 "아버지, 제 청을 들어 주셔서 감사합니다" 하는 말이 들려올 것이다.

감사하는 마음이 없으면 큰 힘을 발휘할 수가 없다. 당신과 '힘'을 밀접하게 결합시켜 주는 것은 감사하는 마음이기 때문이다.

그러나 감사하는 마음의 좋은 점은 장래의 은혜에만 국한된 것이 아니다. 감사하는 마음이 없으면, 현상에 대하여 불만을 느끼지 않은 채 살아갈 수 없게 된다.

현상에 대하여 투덜투덜 불만을 품어 버리면, 일이 잘 풀리지 않게 된다.

진부한 것, 평범한 것, 궁상스러운 것, 꼴사나운 것, 초라한 것에만 관심을 돌리게 되어서, 마음속에 그것과 똑같은 형상이 생겨난다.

그렇게 되면, 당신은 그 이미지를 '혼돈'에게 보내게 되어서 진부하고, 평범하고, 궁상스럽고, 꼴사납고, 초라한 것이 당신에게 도달하게 될 것이다.

못해 보이는 것에 마음이 향하게 되면, 당신 자신도 점점 못해 보이게 되고, 못해 보이는 것들이 주변에 모이게 된다.

그 반대로, 뛰어난 것에 주위를 향하면, 뛰어난 것들이 주변에 모여서 당신 자신도 대단히 좋은 상태로 될 것이다.

우리들은 사고하는 존재인데, 사고하는 존재는 자신이 사고한 형상을 취하게 된다.

감사하는 마음은 항상 선한 것에 향해져 있기 때문에 선한 것이 되려고 한다. 감사하는 마음은 가장 좋은 형상의 성질을 가지고 있어서 가장 좋은 것을 받아들이는 것이다.

또 확신은 감사하는 마음에서 생겨나는 것이기도 하다. 감사하는 마음은 선한 것을 기대하고, 그 기대는 이윽고 확신으로 변한다.

감사하는 마음에 대한 반작용은 그 사람의 마음에 확신을 낳고, 감사를 드러낼 때마다 확신을 심화시킨다. 감사하는 마음이 없는 사람은 확신을 계속 유지할 수가 없으며, 확신을 계속 유지하지 못하면 앞 장에서 설명한 바와 같이 창조적인 방법으로 풍족하게 살 수가 없다. 즉, 부자가 될 수 없다는 것이다.

당신에게 주어지는 모든 훌륭한 것들에 대하여 항상 감사하도록 해야 한다.

물론 모든 것이 당신의 성장에 도움이 되었으니 만물에 대해서도 감사해야 한다.

대부호나 철강왕의 오점이나 불법 행위를 생각하거나 화제로 삼거나 하면서 시간을 낭비해서는 안 된다. 그들이 조직을 만들어 주었기 때문에 당신은 기회를 손에 넣을 수 있었던 것이다.

그들이 있었기 때문에 당신은 온갖 것을 손에 넣을 수가 있었던 것이다.

부패한 정치가들에게 화를 내서는 안 된다. 그들이 없으면 세상은 무정부 상태가 되고, 당신의 기회도 현격히 감소할 것이다.

하나님은 오랜 시간을 창조적 인내심을 가지고 현재의 산업이나 정치를 가져다주었다. 그리고 하나님은 앞으로도 쭉 창조적인 일을 계속해 나갈 의사를 갖고 있다.

대부호나 철강왕이나 대실업가나 정치가가 없어지더라도, 틀림없이 충분한 배려를 해 주겠지만, 당분간 그들은 모두에게 도움이 될 것이라고 생각한다. 그들은 모두 당신이 부자가 되기 위한, 비유해서 말한다면 송전선을 준비하는 데 도움을 주고 있는 것이다.

그러므로 그들 모두에게 감사해야 한다. 그렇게 하면, 모든

사물 안에 있는 선善과 당신이 일체가 되고, 모든 사물 안에 있
는 선이 당신을 향해 올 것이다.

부의 시크릿
08

강력히 원하고
확신을 가져라

SECRETS OF THE RICH

뚜렷하지 않은 동경이나 애매한 소원을 전해 보았자
부자가 될 수도 창조력을 작동시킬 수도 없다.
확실한 목적을 심장에 가득 채워야 한다.

애매한 소원은 절대 이루어지지 않는다

제6장에서 언급한 집의 이미지를 마음에 그린 수강생의 이야기를 다시 한 번 읽어보기 바란다. 그러면 부자가 되기 위한 첫걸음이 어떤 것인가를 확실히 이해할 수 있을 것이다.

바라는 것이 있으면 머릿속에 그 명확하고 구체적인 이미지를 그려야 한다. 자신의 생각을 전하기 위해서는 머리로 생각할 필요가 있다.

자신이 이해하지 못한 것을 다른 사람에게 전할 수가 없다. 하고 싶은 일이나 손에 넣고 싶은 것, 되고 싶은 것에 대하여 애매모호하고 뚜렷하지 않은 생각밖에 없기 때문에 많은 사람은 그것을 '사고하는 물질'에게 전할 수가 없는 것이다.

막연히 '뭔가 좋은 일을 하고 싶으니까' 부자가 되고 싶다고 생각하는 것만으로는 불충분하다. 그것은 누구나 다 생각하고 있다.

여행을 하여 견문을 넓혀서 인생을 충실하게 하고 싶다고 바라는 것만으로는 불충분하다. 누구나 다 그런 소망을 갖고 있다.

예를 들어, 당신이 친구에게 전보를 치게 되었다고 하자. 알파벳 표를 보내서 전보를 받는 상대방에게 문자를 조립해서 메시지를 작성하게 하지는 않을 것이다. 사전에서 무작위로 골라낸 말을 늘어놓지도 않을 것이다. 당연히 이치에 맞고 의미가 있는 문장을 보낼 것이다.

당신이 구하고 있는 것을 '사고하는 물질'에게 전할 때에는 논리의 맥락이 정연한 말로 전해야 한다는 것을 잊지 말기 바란다. 원하는 것이 무엇인가를 알고, 명확히 할 필요가 있다.

뚜렷하지 않은 동경이나 애매한 소원을 전해 보았자 부자가 될 수도 창조력을 작용시킬 수도 없다. 확실한 목적을 심장에 가득 채워야 한다.

온 집안을 점검한 수강생과 마찬가지로 자신이 무엇을 바라고 있는가에 대해서 차분히 확인하고, 손에 넣고 싶은 것의 명확한 이미지를 그려 보기 바란다.

예를 들면, 선원이 항해를 하는 동안 항상 목적지 항구를 생각하고 있는 것처럼, 그 명확한 이미지를 끊임없이 마음에 떠올려 보기 바란다. 조타수가 나침반을 결코 잃어버리지 않는 것처럼 당신도 그것을 잃어버려서는 안 된다.

집중력을 높이기 위한 연습을 할 필요는 없다. 기도를 올리거나 자신을 고무하는 말을 외치거나 명상을 하거나, 신비주의 흉내를 낼 필요도 없다.

그런 것이 도움이 되는 경우도 있지만, 당신에게 필요한 것은 단지 마음으로부터 바라는 것이 무엇인가, 꼭 손에 넣고 싶은 것이 무엇인가를 알고, 그것을 계속 생각하는 것뿐이다.

시간이 날 때마다 항상 그 이미지를 생각하기 바란다. 물론 마음으로부터 구하는 것이 무엇인가를 밝혀내기 위하여 일부러 집중력을 높이는 연습을 할 필요는 없다. 노력하지도 않고, 주의를 기울이지 않는 것은 그다지 중요한 일이 아니다.

마음으로부터 부자가 되고 싶다고 바라고, 그것도 강력히 원하고, 자석을 끌어당기는 자극처럼 목적에 사고를 집중시킬 정도로 열의가 없다면, 이 책의 지시를 실행할 필요가 없을 것이다.

SECRET 08

강력히 바라고 확신을 가져라

이 책에서 소개하는 방법은 부자가 되는 것을 강력히 바라고, 태만과 안락으로 흘러가는 마음을 충분히 극복하고, 노력할 수 있는 사람을 위한 것이다.

이미지가 명확하고 구체적으로 되는 것에 의해서, 또한 머리를 짜내서 세세한 부분까지 골똘히 생각함에 따라서 당신의 소원이 점점 더 강력해지고, 소원이 강력해지면 마음이 이미지에 한층 더 집중하게 된다.

그러나 명확한 이미지를 갖는 것만으로는 충분치 않다. 만일 이미지를 부풀리는 것뿐이라면, 당신은 꿈을 꾸고 있는 것에 불과해서, 목표를 달성하는 힘을 갖고 있다고는 말할 수 없을 것이다.

명확한 구상의 배후에는 그것을 실현해서 형상으로 만들려고 하는 결심이 없으면 안 된다.

그리고 이 결심의 배후에 그것은 이미 자신의 것이라는 흔들림 없이 확고한 믿음이 있어야 한다. 그것은 '손이 닿는 곳'에 있어서, 손을 뻗치기만 하면 자신의 것이 된다고 생각하라.

새로운 집에서 어떤 것들에 둘러싸인 채 살고 싶은가를 생각해 보라. 상상의 세계에서라면 갖고 싶은 것이 무엇이든 다

갖추어진 장소에 당장이라도 갈 수 있을 것이다.

"무엇이든지 기도하고 구하는 것은 받은 줄로 믿으라. 그리 하면 너희에게 그대로 되리라"라고 예수께서도 말했다.

실제로 바라던 것에 항상 둘러싸여 있는 상황을 상상하기 바란다. 그것들은 자신의 것이어서 자유로이 사용하고 있다고 상상하라. 실제로 손에 넣었다고 생각하고 그것들을 이용해 보 기 바란다.

이미지가 명확하고 구체적으로 될 때까지 차분히 생각하 고, 거기에 있는 것 전부를 소유하고 있다는 '정신적 태도'를 취하라.

모든 것을 정말로 자신의 것이라는 확신을 갖고 소유해라.

상상 속에서 계속 소유하기 바란다.

확실히 자신의 것으로 소유하고 있다는 믿음을 잠시라도 잊 어서는 안 된다.

그리고 앞 장에서 설명한 감사하는 마음을 가슴에 새기고, 그것이 현실의 것이 되었을 때 품게 될 감사하는 마음을 이미 지의 세계에서도 계속 가져라.

아직 상상의 단계에서밖에 소유하고 있지 않은 것에 대하 여, 마음으로부터 하나님에게 감사할 수 있는 사람에게는 확신이 있다. 그 사람은 구하는 것이 무엇이든 간에 만들어 내서 반드시 부자가 될 것이다.

갖고 싶은 것이 있다고 해서 기도를 되풀이하고 외칠 필요는 없다. 매일같이 하나님에게 호소할 필요도 없다.

당신이 해야 할 일은 풍요로운 생활을 하기 위해서는 무엇이 필요한가를 명확히 하고, 그것을 하나로 통합해서 '모든 소원'을 '혼돈'에게 전하는 것이다. '혼돈'에게는 필요한 것을 가져다줄 힘과 의사가 있기 때문이다.

말을 되풀이해서 늘어놓아 보았자 소원이 전달되지 않는다. 그러기 위해서는 손에 넣고 싶다는 확고한 '결심'과 강한 '확신'을 갖고 이미지를 다듬을 필요가 있다.

기도의 진짜 의미와 방법

기도는 노력해서 보여준 신앙에 대하여 들어주는 것이다.

특별한 주일에만 자신의 소원을 하나님에게 전하고, 평일에는 하나님을 생각하지도 않는다면, 자신의 뜻을 하나님에게 확실히 전할 수가 없다. 자기 방에 틀어박혀서 특별히 기도에 바치는 시간을 마련하더라도, 다음 번 기도 시간이 돌아올 때까지 완전히 잊고 있다면, 자신의 뜻을 하나님에게 전할 수가 없다.

입 밖에 내서 외치는 것이 도움이 되는 것은 자기 자신의 이미지를 명확히 하고, 강한 확신을 갖겠다는 목적이 있을 때에 한한다.

그러나 기도를 소리 내어 했다고 해서 바라던 것이 손에 들어오는 것은 아니다. 부자가 되기 위해서는 '조용한 기도 시간 (윌리엄 B. 브래드베리가 작곡한 성가의 제목)'을 갖는 것보다 늘 기도하는 것이 더 효과가 있다.

이 경우의 기도는 구체적으로 만들어 내겠다는 결심과, 이윽고 구체화될 것이라는 확신을 갖고 이미지를 계속 명확히 하는 것이다.

이미지가 명확해지면 이번에는 받을 차례다.

이미지가 완성되면 그것을 말로 표현하기 바란다. 경건한 태도로 하나님에게 털어 놓고 이야기하라. 그러면 그 순간부터 구하던 것을 상상의 세계 속에서 얻을 수 있다는 사실을 알 것이다.

당신은 새 집에서 살면서 멋을 내고, 자동차를 타고 여행을 떠나고, 당당히 더욱더 호화로운 여행을 계획할 것이다. 바라던 것을 전부 실제로 손에 넣었다는 기분이 되어 생각하거나 이야기하거나 하면 되는 것이다.

소원하던 대로 환경과 경제력이 주어졌다고 상상하고, 그 상태가 지속되고 있다고 생각하기 바란다.

다만 단순한 몽상이나 공상으로 끝내는 것이 아니라, 그것이 바로 실현되려고 하고 있다는 확신과 스스로의 손으로 실현시킬 결심을 강하게 계속 가져야 한다는 것을 잊지 말아라.

과학자와 몽상가를 구별하는 것은 확신과 결심을 갖고 상상하느냐 어떠냐에 달려 있다. 그것을 이해한 다음에, 이제부터 '의지력'의 올바른 사용법을 배우는 것이 중요하다.

부의 시크릿

09

의지력의
올바른 사용법

SECRETS OF THE RICH

혜택받지 못한 사람들을 도와주고 싶다면,
우선 당신이 부자가 되어서
그들도 부자가 될 수 있다는 것을
보여 주는 것이다.

과학적인 방법으로 부자가 되어라

과학적인 방법으로 부자가 되려고 할 때, 당신 이외의 것에 의지력을 작용하게 해서는 안 된다.

어떻든 당신에게는 그러한 권리가 없다.

자신의 의지를 강요해서 타인을 생각대로 움직이려고 하는 것은 잘못이다.

정신적 압력을 넣어서 강요하는 것은 물리적 압력에 의해서 강요하는 것과 마찬가지로 대단히 부당한 행위이다. 우격다짐으로 다른 사람을 혹사한다면 그것은 상대방을 노예 상태로 깎아내리는 행위가 된다.

기분을 궁지에 몰아넣어서 작용하게 하는 것도 매우 부당한 행위이다. 수단이 잘못된 것이다. 완력을 사용해서 다른 사람이 가지고 있는 것을 빼앗는 것은 강탈 행위이고, 정신적으로 궁지에 몰아넣어서 빼앗는 것도 역시 강탈 행위인 것이다. 원리가 잘못된 것이다.

당신에게는 다른 사람을 생각대로 움직이게 할 권리가 없다.

설사 당신이 그 사람을 위한 일이라고 생각하더라도, 그것이 정말로 상대방을 위한 일이 되는지 어떤지는 알 수가 없다.

과학적인 방법으로 부자가 되기 위해서는 어떤 방법이든 간에 남에게 압력을 넣거나 무리하게 강요하거나 해서는 안 된다. 정말로 그럴 필요는 조금도 없고, 누군가를 억압한다면 당신이 하려고 하는 일을 망쳐 버리게 될 것이다.

어떤 물건에 대하여 의지를 움직여서 자기 곁으로 끌어당기려고 해 보았자 헛일이 될 것이다.

그것은 하나님에게 무리한 일을 강요하는 태도이고, 불경일 뿐만 아니라 사려가 없는 무의미한 자세이다.

좋은 것을 하사해 달라고 하나님에게 강요할 필요는 없다. 그것은 해를 떠오르게 하기 위해서 일부러 의지력을 작용하게 할 필요가 없는 것과 마찬가지다.

말하는 것을 들어 주지 않는 하나님을 자신의 의지력과 뜻대로 하려고 해 보았자, 또한 뻔뻔스럽고 반항적인 상대방을 굴복시켜 따르게 하려고 해 보았자 헛일이다.

'유일한 물질'은 당신 편이다. 당신 이상으로 열심히 당신에게 많은 것을 가져다주기를 바라고 있다.

부자가 되기 위해서는 자기 자신에게 의지력을 작용하게 하기만 하면 되는 것이다.

무엇을 생각하고 무엇을 해야 하는가를 알고 있다면 의지력으로 자기 자신을 제어하고 그것을 실행하기 바란다.

정도에서 벗어나지 않도록 자기 자신을 다스려 가는 것이야말로 원하는 것을 손에 넣기 위한 의지력의 올바른 사용법이다. '확실한 방법'에 따라서 사고하고, 행동해 나가는 목적을 위하여 의지력을 이용하는 것이다.

자신의 의지나 사고나 마음을 밖으로 나타내서 물건이나 사람에게 '작용'시키려고 생각하지 말라.

마음을 당신의 내면으로 향하도록 하라. 어딘가로 향하는 것보다는 당신 자신의 내면에서 의지는 힘을 발휘할 수가 있다.

지력을 작용시켜서 소원의 이미지를 그리고, 결심과 확신을 갖고 그 이미지를 유지하고, '올바른 방법'으로 지력이 활동할 수 있도록 의지를 작용하게 해 주기 바란다.

결심과 확신을 강하게 지속하는 것이야말로 부자가 될 수 있는 지름길이다. 그렇게 하면 적극적인 소원만이 전해진다. 부정적인 요인이 '유일한 물질'에 전해져서 이미지가 애매하게 되거나 힘이 약해지거나 하는 일이 없기 때문이다.

결심과 확신을 갖고 그린 소원의 이미지가 '혼돈'에 흡수되어서, 아득히 먼 저쪽까지, 어쩌면 우주의 구석구석까지 퍼지게 될 것이다.

이미지가 전달됨에 따라서 만물이 그 구현具現을 향하여 움직이기 시작한다.

모든 생물, 모든 무생물, 아직 태어나지 않은 것이 당신의 소원을 구현하기 위해서 움직이기 시작한다.

모든 힘이 그것을 향하여 작용하기 시작하고, 만물이 당신을 향하여 운동을 하기 시작한다.

사람들의 마음이 도처에서 당신의 소원을 실현하는 데 필요한 것을 해 주려고 작용하여 무의식중에 당신을 도와주게 된다.

그러나 만일 당신이 '혼돈'에 부정적인 마음을 전한다면, 그 움직임은 멈춰 버린다. 결심과 확신이 사물의 움직임을 당신에게 향하게 하는 것과는 반대로, 의심이나 불신이 그 움직임을 당신으로부터 멀어지게 만들어 버리기 때문이다.

이 사실을 모르기 때문에 심리학을 이용하여 부자가 되려고 하는 대부분의 사람들이 실패하고 있다.

의심이나 불안을 품을 때마다, 고민하느라 시간을 허비할 때마다, 불신에 사로잡힐 때마다 '지적 물질'의 지배하에 있는 우주의 흐름이 당신으로부터 멀어져 가는 것이다.

모든 전망은 믿는 사람을 위해서 있고, 믿는 사람에게만 열려 있다. 예수가 믿는 마음을 되풀이해서 역설한 것을 헤아려 보기 바란다. 지금의 당신이라면 그 이유를 알 수 있을 것이다.

믿는 마음은 무엇보다도 중요하기 때문에 당신은 자신의 생각을 꼭 지켜야 한다. 사고나 관찰에 의해서 확신을 견고한 것으로 만들고, 주의력을 집중하기 바란다.

그러기 위해서는 의지력을 이용해야 한다. 무엇에 주의를 향해야 하는가를 결정하는 것은 다름 아닌 당신 자신의 의지력이다.

빈곤을 근절하기 위한 첫걸음

부자가 되고 싶다면 빈곤에 대하여 자세히 알 필요는 없다.

바람직하지 않은 것을 생각하면 좋은 상황을 맞이하지 못한다. 병에 대해서 조사하거나 생각하거나 하면 건강해질 수가 없다. 죄에 대하여 조사하거나 생각하거나 했다가는 정의의 마음이 생겨나지 않는다.

그것과 마찬가지로 빈곤에 대하여 조사하거나 생각하거나

하면 부자가 될 수 없는 것이다.

과학적인 연구가 진보되었기 때문에 의학은 오히려 병을 증가시키게 되었다. 죄에 대한 이해를 깊이했기 때문에 종교는 죄를 늘어나게 만들어 버렸다. 빈곤만을 연구하고 있으면, 경제는 세계에 비참과 빈곤을 가져다주게 될 것이다.

빈곤을 화제로 삼거나 연구하거나 관심을 갖거나 하지 말라. 빈곤의 원인이 무엇이든 간에 마음에 두지 말라. 당신과는 관계없는 일이다.

당신에게 관계가 있는 것은 그 치료법이다.

자선 사업이나 자선 활동에 시간을 허비해서는 안 된다. 자선 활동은 근절해야 할 궁핍 상태를 언제까지나 존속시켜 버린다.

냉혹하고 동정심이 없는 인간이 되라든가, 곤경에 처해 있는 사람의 호소를 듣지 말라고 말하는 것은 아니다. 종래의 방식 그대로 빈곤을 근절시키기 위해서 노력을 해서는 안 된다고 말하고 싶을 뿐이다.

빈곤이나 그것에 관련된 갖가지 요소는 잊고 우선은 부자가 되어라.

꼭 부자가 되기 바란다.

그것이 돈에 혜택받지 못한 사람들을 도와주는 무엇보다도 좋은 방법이다.

물론 머릿속이 빈곤의 이미지로 가득 차 있으면, 부자가 되기 위한 이미지를 그릴 수가 없다.

셋방살이의 어렵고 궁한 상태나 아동 취로의 비참한 실정 등에 대해서 쓴 책이나 신문은 읽지 말라. 가진 것이 없고, 괴로움으로 가득 차고, 기가 죽은 이미지로 머릿속을 가득 채우게 만드는 것은 읽지 말기 바란다.

그런 상황을 알았다 하더라도 돈이 없다면 혜택받지 못한 사람을 도와줄 수가 없으며, 사정을 훤하게 알더라도 빈곤을 퇴치할 수가 없다.

빈곤을 퇴치하기 위해서는 당신이 그 이미지를 품는 것이 아니라, 혜택받지 못한 사람들에게 풍요로운 생활의 이미지를 품게 만드는 것이 중요하다.

궁핍한 생활에 대해서 상세히 알 필요는 없다 하더라도, 어려움을 겪고 있는 사람들을 그냥 내버려 둬서는 안 된다.

빈곤을 퇴치하기 위해서는 혜택받지 못한 사람들을 생각하는 부유층이 늘어나야 하는 것이 아니라, 빈곤층 중에서 반드시 부자가 되려고 결심하는 사람들의 숫자가 늘어나는 것이 중요하다.

혜택받지 못한 사람들에게 필요한 것은 시혜施惠(은혜를 베풂)

가 아니라 격려이다. 자선 사업으로 할 수 있는 일은 비참한 상태 그대로 살기 위한 빵을 베풀어주거나, 한두 시간의 오락을 제공해서 괴로운 것을 잊게 해 주는 것뿐이다.

그렇지만, '격려'를 해 주면, 괴로운 생활로부터 탈출할 수가 있다. 혜택받지 못한 사람들을 도와주고 싶다면, 우선 당신이 부자가 되어서 그들도 부자가 될 수 있다는 것을 보여 주기 바란다.

빈곤을 이 세상에서 퇴치하는 방법은 이 책의 가르침을 실천하는 사람이 많이 나타나고, 점점 더 계속 늘어나는 길밖에 없다.

이 세상 사람들에게 경쟁이 아니라 '창조력'을 활용함으로써 부자가 된다는 것을 잘 이해시켜야 한다.

경쟁을 이겨내고 부자가 된 사람들은 모두 자신이 오르고 나면 사다리를 떨어뜨려서 아무도 올라오지 못하게 만들어 버린다. 그러나 창조력을 활용해서 부자가 된 사람들은 모두 수많은 사람들을 위하여 길을 개척하고, 그 사람들이 뒤따를 수 있도록 격려해 준다.

혜택받지 못한 사람들을 동정하거나, 그 상태를 눈으로 보거나, 빈곤에 관한 서적을 읽거나 생각하거나 이야기하거나, 그런 화제에 귀를 기울이지 않더라도, 냉혹하고 무정한 태도를 보여 주고 있는 것은 아니다.

의지력을 사용해서 빈곤을 머릿속으로부터 지워 없애고, 결심과 확신을 갖고 자신이 바라는 이미지에 '집중'하도록 하라.

부의 시크릿

10

고귀한 목표는
부자가 되는 것이다

부자가 되는 것만큼 숭고하고 고귀한 목표는 없다.
풍요로운 생활의 이미지에만 주의를 집중하고,
그 힘을 약화시키는 요소는 일체 배제해야 한다.

빈곤에 대한 것은 모두 버려라

부유한 생활을 정확하고도 명확하게 마음속에 그렸다 하더라도, 현실에서든 상상 속에서든 그것과 정반대의 것에만 주의를 기울이면, 그 이미지를 계속 가질 수가 없다.

당신이 과거에 경험한 금전상의 문제를 화제로 삼아서는 안 된다. 과거에 그런 문제가 있었다 하더라도 일체 생각해서는 안 된다. 당신의 부모가 돈이 없어서 어려움에 처했던 것도, 옛날에 살림을 꾸려나가기가 쉽지 않았던 것도 이야기해서는 안 된다.

그런 것들을 조금이라도 화제로 삼는다면 당분간 당신은 돈에 어려움을 겪고 있는 사람이라고 여겨질 것이다. 그렇게 되면, 모처럼 당신 쪽으로 향해 있는 사람의 움직임이 멈춰 버리게 된다.

"죽은 자들로 자기의 죽은 자들을 장사하게 하고 너는 가서 하나님의 나라를 전파하라"고 예수는 말했다.

빈곤과 그것에 관련된 것은 모두 버려라.

당신은 하나의 확실한 우주론을 틀림없는 것으로 받아들이고, 그것이 옳다고 믿고 행복에 대한 소망을 걸고 있는 것이다. 양립할 수 없는 이론에 주의를 기울여 보았자 무엇을 얻을 수 있겠는가?

세계의 종말이 다가왔다고 하는 책을 읽어서는 안 된다. 세계가 악마의 손에 떨어져 가고 있다고 추문을 퍼뜨리는 작가나 비관주의자가 쓴 책을 읽어서는 안 된다.

세계는 악마를 향해서 가는 것이 아니라 하나님을 향해서 나아가고 있다.

세계는 훌륭한 '생성 과정'에 있는 것이다.

분명히 현재의 사회가 싫은 것도 있을 것이다. 그렇다고 싫은 일에 주의를 기울여 보았자 도대체 무슨 의미가 있겠는가?

나쁜것들은 우리가 마음만 있으면 진화를 앞당겨서 조속히 제거할 수 있는데, 진화 과정에서 제거되는 것을 왜 시간을 들여서 생각한단 말인가?

어딘가의 나라나 지역이나 장소에서 일어난 참혹한 상황을 보았다 하더라도, 그것에 대하여 계속 끙끙 앓아 보았자 시간을 낭비하고 기회를 망치게 될 뿐이다.

세계는 계속 풍족해진다는 것에만 흥미를 집중시키면 되는 것이다.

세계로부터 버림받아 가는 빈곤 대신에 세계가 향해 가는 풍요로운 사회를 생각해야 한다. 세계가 풍족해지기 위해서는 경쟁이 아니라 창조력을 활용함으로써 당신 자신이 부자가 되는 수밖에 없다. 그것을 가슴에 새겨 두기 바란다.

세상은 진화하고 풍족만이 존재한다

빈곤은 잊고 오로지 풍족한 것에만 주의를 기울여야 한다.

혜택받지 못한 사람들을 생각하거나 화제로 삼을 때에는 그들을 가엾은 사람이 아니라 이윽고 유복해질 사람이라고 생각하기 바란다. 그렇게 하면, 상대방도 그 밖의 사람들도, 그것을 격려로 삼아서 빈곤으로부터 빠져나오는 방법을 찾기 시작할 것이다.

풍족한 생활에 충분한 시간과 마음과 생각을 향한다 하더라도 경멸해야 할 이기적인 인간이라고는 할 수 없다.

현실에서 부자가 되는 것은 여러 가지 가능성에 혜택 받는 것이고, 무엇보다도 소중한 인생의 목표인 것이다.

경쟁심을 갖는 한, 부자가 되기 위한 경쟁은 다른 사람의 지배권을 둘러싼 죄 많은 쟁탈전을 의미한다. 그러나 스스로 무엇인가를 만들어 내려는 마음만 있으면 상황은 일변한다.

자존심이나 마음의 성장, 봉사나 고귀한 활동으로 통하는 모든 일들은 부자가 되는 것에 의해서 이루어진다. 부자가 되는 과정에서 여러 가지 것들을 이용함으로써 그것이 이루어지는 것이다.

만일 당신이 건강을 혜택받지 못하고 있다면, 건강은 부자가 될 수 있느냐 없느냐에 달려 있다고 생각할 것이다.

돈에 대한 걱정 없이 안락하게 살아갈 수 있는 재력을 가진 사람만이 위생 관리를 해서 건강을 유지할 수가 있는 것이다.

도덕적으로, 그리고 정신적으로 성장하는 것은 살아남기 위한 경쟁과 무관한 사람만이 가능하고, 창조적인 사고에 의해서 부자가 된 사람만이 경쟁이 가져오는 나쁜 영향을 받지 않고 살 수가 있다.

만일 가정의 행복을 바란다면, 사랑이란 교양과 높은 식견과 부정한 힘이 미치지 않는 환경으로 가득찬 것이라는 것을 잊지 말기 바란다.

이것들은 모두 갈등이나 경쟁이 없는 곳에서 창조적인 사고를 활용해서 부자가 된 결과로 얻어지는 것이다.

되풀이해서 강조하지만, 부자가 되는 것만큼 숭고하고 고귀한 목표는 없다. 풍요로운 생활의 이미지에만 주의를 집중하고, 그 힘을 약화시키는 요소는 일체 배제해야 한다.

만물에 숨겨진 '진실'을 볼 수 있게 되어야 한다. 눈에 보이는 모든 나쁜 것 속에서 '위대한 단 하나의 생명'이 자신의 발현과 행복을 성취하기 위하여 계속 움직이고 있다는 것을 이해해야 한다.

"빈곤 같은 것은 존재하지 않는다. 풍요만이 존재한다."

그것이 진리이다.

이론이 아니라 실천을 중요시하라

부자가 되지 못한 사람들이 가지는 이유는 자신들이 여러가지 것들로부터 혜택받고 있다는 것을 깨닫지 못하기 때문이다. 그것을 알게 하기 위해서는 당신 자신이 실천해서 부자가 되는 방법을 보여 주어야 한다.

지금의 경우에서 빠져나갈 방법이 있다는 것을 알고 있는데도 부자가 되지 못하는 사람들도 있다. 방법이나 행동을 찾아내는 데 필요한 사고를 게을리하고, 지성을 활용하지 않는 사람들이다. 그런 사람들에게 희망을 품게 만드는 데에는 당신 자신이 실제로 부자가 되고, 그것에 의해서 행복해졌다는 것을 보여 주는 것이 제일이다.

부자가 되지 못하는 사람들은 그 밖에도 많이 있다.

다소의 과학적인 방법을 궁리해 보지만, 철학 사상이나 신비 사상에 압도되어 그 속에서 결단을 내리지 못한 채 어느 방향으로 가면 좋은지 모르는 사람들이다. 여러 가지 방법을 시도해 보지만 모조리 실패하는 사람들이다. 이런 사람들에게도 당신 자신이 실천해서 보여 주는 것이 제일이다.

이론보다는 실천이 우선이다. 세상 사람들을 위하여 공헌하려면 당신 자신을 최대한으로 활용해야 한다.

당신 자신이 부자가 되는 것이야말로 하나님과 사람들에게 봉사할 수 있는 더 없이 좋은 방법이다. 타인과 경쟁을 하는 것이 아니라 창조력을 활용함으로써 부자가 되는 것이다.

한 가지 당부하고 싶은 것이 있다.

이 책에는 부자가 되기 위한 법칙이 상세히 설명되어 있으며, 그 내용이 진실인 이상, 이 문제에 대해서는 다른 책을 더 읽어 볼 필요가 없다.

편협되고 제멋대로의 당부처럼 들릴지도 모르지만, 잘 생각해 보기 바란다. 가감승제의 계산보다 더 과학적인 연산 처리 방법은 없다. 두 점 사이의 최단 거리는 하나밖에 없다. 과학적인 사고 방법도 단 하나밖에 없는데, 요컨대 목적지까지 곧장 뻗은 단순한 길을 따라서 사고하는 방법이다.

이 책에서 설명한 '방법'보다 더 간단명료한 방법을 고안한 사람은 없다. 여기에 써 있는 내용은 불필요한 것을 전부 떼어낸 본질이다. 만일 당신이 이 방법에 몰두한다면, 방법은 모두 잊고 머릿속에서 깨끗이 지워 버려라.

이 책을 항상 휴대하고 다니면서 매일 읽어서 기억하고, 다른 방법이나 이론에 눈이 쏠리지 않도록 하라. 한눈을 팔면 당신은 의문을 품고, 생각하면 할수록 불안해지고, 마음이 흔들리고, 마침내 실패하게 될 것이다.

당신의 노력이 열매를 맺어서 부자가 되었을 때, 그때 가서 마음 내키는 대로 다른 방법을 연구하면 된다. 그러나 바라던 것을 손에 넣을 때까지는 책머리에서 소개한 사상가는 별도로 하고, 이 책에서 제시한 방법 이외의 것에는 눈을 돌리지 말기 바란다.

초자연적인 존재나 법칙에 대한 연구를 하는 것은 뒷날로 미뤄라. 신지학神智學(심령 및 영적 세계를 연구하는 것으로, 인간의 정신 내부에 잠재하는 '우주의 근원과 동질의 것'을 이끌어 내려고 하는 초자연적인 운동. 19세기의 밀교 연구가 아담 브라바츠키가 제창함), 심령주의(우리들과 교신이 가능한, 죽은 사람의 영혼이 존속한다는 과학적 근거가 있다고 믿는 입장) 등의 영역에는 손을 대지 말아야 한다. 만일에 죽은 사람들이 지금도 살아 있든가, 그것에 가까운 상태에 있는지도 모르지만, 그렇다 하더라도 그들에 대해서는 일단 잊고, 자신이 해야 할 일에 집중하기 바란다.

영혼이 어디를 헤매고 다니든 간에 죽은 사람에게는 죽은 사람이 해야 할 일과 해결해야 할 문제가 있다. 현세의 인간에게는 그것을 방해할 권리가 없다. 우리들이 죽은 사람에게 손을 내밀 수도 없으며, 죽은 사람에게 힘을 빌릴 수 있는지 어떤지 알 수가 없다.

우리들에게는 죽은 사람에게 허용된 시간에 발을 들여 놓을 권리가 없다. 죽은 사람과 미래의 사람들에게 의지하지 말고, 당신 자신의 힘으로 문제를 해결해서 부자가 되면 되는 것이다.

초자연적인 존재와 관계를 가지면, 역류에 휩쓸려서 모든 희망이 바다에 빠져 버릴 것이다. 여기에서 이제까지 설명한 기본적인 사실을 정리해 보기로 하겠다.

- 만물의 근원은 사고하는 물질이다. 사고하는 물질이란 시원의

상태에서 우주 공간의 구석구석까지 퍼지고, 침투하고, 충만해 있다.

- 사고하는 물질 속에서 생겨난 사고는 상상한 것을 형성하여 만들어 낸다.
- 사람은 여러 가지의 형상을 생각하고 혼돈에게 전해 그것이 만들어지도록 손을 쓴다.
- 그러기 위해서는 경쟁하는 것이 아니라 창조력을 활용해서 바라는 것의 이미지를 확실히 머릿속에 그리고, 부동의 '결심'과 흔들림 없는 '확신'을 계속 갖는 것이 가장 중요하다. 그 결심을 소홀히하거나 이미지를 희미해지게 만들거나 확신을 뒤집어 엎는 것은 전부 무시하라.

이제부터는 지금까지 설명한 '확실한 방법'에 따라서 생활을 하고, 행동하는 것에 대하여 이야기하기로 하겠다.

생각의
과학적 사용법

THE **SECRETS** OF THE **RICH**

사고의 과학적인 사용법은
소원을 명확히 구체적으로 상상하고,
반드시 손에 넣을 수 있다는 결심을 잊지 말고,
감사하는 마음으로 확신하고,
그것을 실현하는 것이다.

사물을 만드는 사고의 과학적 사용법

사고는 사물을 만들어 내는 힘이고 만들어지도록 작용하는 힘이다. 부자가 되기 위해서는 '확실한 방법'에 따르는 것이 중요하지만, 사고에만 기대하고 자신은 행동을 일으키지 않는다면 그것은 장애가 된다. 또한 그것은 사고와 행동이 일치하지 않기 때문에, 과학적인 사고를 하는 사람들이 좌절하게 된다.

우리들은 아직 성과를 내는 단계에 도달하지 못했다. 자연의 힘도 의지하지 않고 다른 사람의 도움도 빌리지 않은 채, 과연 '혼돈'으로부터 무엇인가를 끄집어낼 수 있을까? 사고는 물론 중요하지만 그 사고에는 행동이 따르지 않으면 안 된다.

사고의 힘으로 산 속 깊은 곳에서 잠자는 금괴를 억지로 당신의 집으로 끌어올 수는 없다. 금은 스스로 채굴되거나 제련되거나 금화로 되거나 하지 못한다. 길에서 길로 굴러 와서 당신의 주머니로 들어올리도 없다.

'숭고한 지성'의 강한 의지가 작용하면, 그것을 받아들여서 이 세상은 누군가가 당신을 위해서 금을 채굴하고, 다른 누군가는 그것을 사들여서 당신의 손에 금이 도달하도록 움직일 것이다.

당신은 해야 할 일을 끝마치고, 도달하게 될 금을 받아들일 준비를 하고 있어야 한다.

사고는 생물과 무생물을 포함한 만물에 손을 써서 바라는 것을 가져다주도록 작용한다. 단 그것을 확실히 받아들이기 위해서는 자신부터 적극적으로 손을 쓸 필요가 있다.

당신은 혜택을 받거나 빼앗거나 해서는 안 된다. 다만 누구에게든 받은 것 이상의 가치를 가져다주도록 해야 한다.

사고의 과학적인 사용법은 소원을 명확히 구체적으로 상상하고, 반드시 손에 넣을 수 있다는 결심을 잊지 말고, 감사하는 마음으로 확신하고, 그것을 실현하는 것이다.

사고가 스스로 전달되어 작용하기를 염원하고, 신비적인 방법이나 초자연적인 방법으로 사고를 '투영'해서는 안 된다. 그것은 헛된 노력이어서 건전한 사고를 약화시킨다.

부자가 되는 과정에서 사고가 어떤 작용을 하느냐 하면, 이제까지 언급한 바와 같이, 처음에 결심과 확신에 의해서 당신과 마찬가지로 번영을 바라고 있는 '혼돈'에게 이미지를 전한다.

그러면 이미지가 전해지는 것에 의해서 모든 창조력이 행동 경로를 전개하고 작용하기 시작해서 당신 쪽으로 향하는 것이다.

당신이 해야 할 일은 사물이 생겨날 때까지의 과정을 지도하거나 관리하는 것이 아니라, 이미지를 계속 갖고 결심을 잊지 않은 채 확신하고 계속 감사하는 것뿐이다.

다만 '확실한 방법'에 따라서 행동하지 않으면, 주어진 것을 확실히 받아들이고, 이미지로 그린 모든 것을 얻어서 그것들에 어울리는 장소에 간직할 수가 없다.

현실적으로는 물건이 주어질 때에는 다른 사람의 손을 거쳐서 당신 곁에까지 찾아와서 보상을 요구할 것이다.

그것을 손에 넣기 위해서는 상대방에게 대가를 지불해야 한다.

이 책은 수고하지 않은 채 돈이 가득 들어 있는 '운명의 여신의 지갑'으로 변신하지는 않을 것이다.

이것이야말로 '사고에는 행동이 따라야 한다'는, 부를 손에 넣기 위한 법칙의 가장 중요한 점이다.

과거나 미래가 아니라 '현재'에 손을 써라

의식적이든 무의식적이든 간에 단념하지 말고 소원을 강하게 계속 가진 채, 창조력을 구사하고 있는 데도 부자가 되지 못하는 사람이 많이 있다. 그것은 바라던 것이 주어지더라도 그것을 받아들일 준비가 되어 있지 않기 때문이다.

사고에 의해서 당신이 바라던 것이 주어진다. 그렇지만 당신이 손을 쓰지 않으면 그것을 받아들일 수가 없다.

당신이 어떤 일에 손을 쓰든 간에 '지금' 행동을 일으켜야 한다.

과거로 돌아가서 행동할 수는 없기 때문에 이미지를 확실히 계속 갖기 위해서는 머릿속에서 당신의 과거를 지워야 한다.

물론 아직 다가오지 않은 미래에 대하여 행동할 수도 없다. 미래에 일어날 사태에 대하여 당신이 취해야 할 행동에 관해서도 사태가 발생하지 않은 상황에서는 예측할 수가 없다.

지금 갖고 있는 직업이나 환경이 바람직한 것이 아니라 하더라도, 직업이나 환경이 정돈될 때까지 행동을 미루려고 생각하지 말라. 장래의 긴급 사태에 대한 최선책만을 생각하고 지금의 시간을 아무것도 하지 않은 채 보내지 말기 바란다.

만일 지금 미래의 일만을 생각하며 행동하고 있다면, 현재의 행동은 마음의 갈등을 낳아서 효과가 없어지게 될 것이다.

지금 해야 할 일만을 생각하라.

무엇인가를 만들어 내고 싶은 충동을 '시원 물질'에게 전하는 것만으로 좋은 결과를 기다려서는 안 된다.

그것만으로 잘 풀려 나가는 일은 절대로 없다.

지금 당장 행동을 일으켜라. 지금을 놓치면 기회는 없다. 지금을 놓치면 미래에도 기회가 돌아와 주지 않을 것이다. 바라던 것을 손에 넣기 위해서는 지금 당장 행동에 옮겨라.

물론 당신이 무슨 일을 하든 간에, 지금 하고 있는 일이나 직장에서 활동할 수밖에 없으며, 지금의 환경 속에서 주위 사람들이나 상황에 대하여 손을 쓰는 수밖에 없다.

당신은 지금의 입장에서밖에 활동할 수 없다. 과거나 미래의 입장에서가 아니라, 지금 당신의 입장에서 밖에 행동할 수 없는 것이다.

어제 해야 할 일을 완수했는가 어떤가에 대해서는 고민하지 말고, 오늘 해야 할 일만을 생각하라.

내일 해야 할 일을 지금부터 하려고 생각하지 말라. 내일이 되면 그것을 할 시간이 충분하기 때문이다.

초자연적인 방법이나 신비적인 수단에 의해서 당신의 힘이 미치지 않는 사람이나 상황에 손을 써서는 안 된다.

환경이 바뀔 때까지 기다렸다가 그 다음에 행동해서도 안 된다. 당신 쪽에서 활동해서 환경을 바꾸도록 해야 한다.

지금의 환경에 손을 써서 보다 좋은 환경을 얻도록 하면 되는 것이다.

결심과 확신을 갖고, 바람직한 환경에 놓여진 당신을 이미지로 떠올려 보라. 그리고 성심성의껏 가질 수 있는 힘과 지성을 전부 사용해서 지금의 환경에 손을 쓰기 바란다.

무턱대고 몽상을 하고, 환상에 잠기어 살아가서는 안 된다. 날마다 소원의 이미지를 가슴에 깊이 새기고, '지금 당장' 행동을 일으켜라.

보다 좋은 직업을 얻는 방법

부자가 되기 위한 첫걸음으로 그때까지 하지 않았던 일이나, 색다른 행동이나 엉뚱한 행동, 기발한 행동을 해 보려고 이 것저것 생각해서는 안 된다.

적어도 당분간은 당신이 손을 쓴다고 해도 아무것도 변하지 않을 것이다. 그러나 '확실한 방법'에 따라서 이제부터 설명하는 일을 시작하면, 반드시 부자가 될 수 있다.

만일 지금 갖고 있는 직업이 맞지 않는다고 느끼더라도, 바람직한 일을 하게 될 때까지 기다렸다가 그때부터 행동하려고 생각해서는 안 된다.

자신에게 맞지 않는 직업을 갖고 있다고 해서, 하고자 하는 마음을 상실하거나, 멍청히 한탄하면서 시간을 보내는 것은 더더욱 좋지 않다. 희망과는 다른 직장에 들어갔다고 해서 어울리는 직장을 발견하지 못하는 것도 아니고, 맞지 않는 일을 하고 있기 때문에 자신에게 적합한 일을 모르게 되는 일도 없다.

일을 손에 넣겠다는 결심과, 그것이 이루어질 것이라는 확신을 갖고, 희망대로의 일을 하게 된 당신 자신의 이미지를 계속 갖고 있어야 한다. 그리고 지금 다니고 있는 직장 속에서 '활동'을 하라.

현재의 직업을, 보다 좋은 직업을 얻기 위한 수단으로 이용하라.

결심과 확신을 갖고 희망하는 직업의 이미지를 계속 갖고 있으면, 그것이 '숭고한 지성'에게 전해져서 당신에게 어울리는 직업을 가져다줄 것이다.

그리고 당신이 '확실한 방법'에 따라서 손을 쓰면 목표로 하는 직업을 얻을 수 있을 것이다.

당신이 회사원이거나 공장 노동자로 소원을 실현하기 위하여 배치전환이 필요하다고 생각한다면, 그 생각을 허공에 투영하고 새로운 직업이 굴러들어 오도록 기대해서는 안 된다. 그렇게 해 보았자 일이 잘 풀릴 리가 없다.

희망하는 직장에 취업한 당신 자신의 이미지를 뇌리에 떠올리고, 결심과 확신을 갖고 지금 하고 있는 일에 손을 써보기 바란다. 그렇게 하면, 반드시 희망하는 일을 손에 넣을 수 있을 것이다.

이미지와 확신을 계속 가지면, 창조력이 작용해서 당신에게 어울리는 일을 가져다줄 것이다. 그리고 당신 자신의 활동에 의해서 창조력이 작용하여 희망하는 부서로 데려다 줄 것이다.

이 장을 매듭지으면서 요지를 한 가지 덧붙이기로 하겠다.

- 만물의 근원은 사고하는 물질이다. 사고하는 물질이란 시원의 상태에서 우주 공간의 구석구석까지 퍼지고, 침투하고, 충만해 있다.
- 사고하는 물질 속에서 생겨난 사고는 상상한 것을 형성하고 만들어 낸다.
- 사람은 여러 가지의 형상을 생각하고 혼돈에게 전해 그것이 만들어지도록 손을 쓴다.
- 그러기 위해서는 경쟁하는 것이 아니라 창조력을 활용해서 바

라는 것의 이미지를 확실히 머릿속에 그리고, 부동의 '결심'과 흔들림 없는 '확신'을 계속 갖는 것이 가장 중요하다. 그 결심을 소홀히 하거나 이미지를 희미해지게 만들거나 확신을 뒤집어 엎는 것은 전부 무시하라.

- 주어진 것을 확실히 받아들이기 위해서는 현재의 환경 속에서 다른 사람과 물건에 손을 써야 한다.

부의 시크릿

12

성공의 나날을
가져오는 행동

THE SECRETS OF THE RICH

어떤 일이 잘되면,
반드시 다른 일도 잘되게 되어 있다.
당신이 바라던 것에 다가가는 속도도,
바라던 것이 당신에게 다가오는 속도도
자꾸자꾸 빨라지게 될 것이다.

오늘 하루도 우리는 진화한다

이제까지 언급한 지시에 따라서 사고를 하고, 지금의 입장에서 할 수 있는 일을 시작하고, 지금 할 수 있는 일을 '전부' 행하라.

지금 하고 있는 일이 불만족스러워졌을 때 비로소 당신은 전진할 수 있다. 불만족스러워지는 것은 그 일에 관련된 작업을 완벽하게 처리하고 난 뒤부터일 것이다.

세계는 지금 하고 있는 일이 불만족스러워진 사람들 덕분에 발전하고 있다.

주어진 일을 완수하는 사람이 없으면 모든 것이 퇴보하게 된다. 지금 하고 있는 일에서 책무를 다하지 않는 사람들은 사회적으로나, 상업적으로나, 산업면에서 아무런 가치도 만들어 내지 못한다.

그런 사람들은 다른 사람에게 막대한 부담을 주고 도움을 받지 않으면 안 된다. 책무를 다하지 않는 사람이 있는 것만으로 세계의 진보는 방해를 받게 된다.

그들은 과거의 유물이라고도 할 수 있는 사람들로 활력이나 의지가 약하고, 퇴화의 경향을 갖고 있다. 주어진 일을 충분히 처리하지 못하는 사람들만 있다면 사회는 발전하지 못한다. 사회의 발전은 물질과 정신의 발전이 있는 곳에서 일어나는 것이다.

동물의 세계에서는 진화가 신체 기능의 발달에 의해서 일어난다.

어떤 생물이 본래의 기능에는 없는 특수한 활동을 하게 되면, 그 생물은 보다 고차적인 기관을 발달시켜서 새로운 종種을 탄생시킨다.

만일 본래의 기능 이상의 능력을 갖춘 생물이 없다면, 어떠한 새로운 종도 탄생할 수가 없었을 것이다. 당신에게도 이것과 똑같은 법칙이 적용된다. 부자가 될 수 있느냐 없느냐는 이 법칙을 당신 자신의 일에 적용시킬 수 있느냐 없느냐에 달려 있다.

하루하루가 성공과 실패 중 어느 한쪽이다. 바라던 것을 가져다주는 것은 성공의 나날들이다. 매일 실패를 한다면 결코 부자가 될 수 없지만, 매일 성공을 한다면 틀림없이 부자가 될 수 있다.

오늘 해야 할 일을 하지 않는다면, 그 일에 대해서는 당신은 실패한 것이다. 그 때문에 상상 이상으로 비참한 결과가 초래되는 일도 있을 것이다.

사소한 행동이라 하더라도 그 결과를 완전히 예측하는 것은 불가능하다. 더구나 당신을 위하여 계속 움직이는 힘의 작용을 전부 파악하는 것도 불가능하다.

아무렇지도 않은 활동이 결정적인 의미를 갖고, 이윽고 기회의 문을 열고 커다란 가능성을 가져다주게 될지도 모른다.

'숭고한 지성'의 선처로 마련된, 사물과 인간의 엄청난 배합 전부를 알 수가 없기 때문에, 사소한 것을 간과하거나 행하지 않은 탓으로, 바라는 것을 손에 넣는 것이 매우 늦어지는 일도 있을 것이다.

효율이 성공과 실패를 좌우한다

매일 그날에 할 수 있는 일은 '전부' 그날에 끝내라.

단 그것에는 한계 또는 제한이 있다는 것에 주의하기 바란다.

일을 지나치게 많이 하거나, 되도록 단시간에 가능한 한 많은 일을 하려고 안달해서는 안 된다.

내일 할 일을 오늘 하려고 한다든가, 1주일쯤 걸리는 일을 하루에 끝내려고 생각해서는 안 된다.

얼마나 많은 일을 했느냐가 문제가 아니라 그 일의 '효율'이 문제인 것이다.

모든 행동은 그 자체가 성공이나 실패 중 어느 한쪽이다.

모든 행동은 그 자체가 효율이 좋든 나쁘든 둘 중 하나이다.

효율이 나쁜 행동은 모두 실패이고, 그런 행동만 하고 있으면 일생이 실패로 끝나 버린다.

효율이 나쁜 행동밖에 하지 않는다면, 하면 할수록 나쁜 결과를 초래하게 된다.

그 반대로, 효율이 좋은 행동은 그 자체가 성공이기 때문에, 모든 행동이 효율적이라면 당신의 인생은 반드시 성공할 것이다.

효율이 나쁜 방법으로 많은 일을 하고, 효율이 좋은 방법으로는 그다지 일을 하지 않는다면 실패할 것이다.

효율이 나쁜 활동은 일체 하지 않고, 효율이 좋은 활동만 충분히 하면, 물론 부자가 될 수 있을 것이다. 지금 당신이 하고 있는 모든 활동에서 효율을 올린다면, 부자가 되는 방법은 요

컨대 수학과 마찬가지로 객관적이고 명확한 과학적 지식이라
는 것을 깨닫게 될 것이다.

그것은 다시 말하면, 당신이 하나하나의 활동을 그 자체로
성공시키느냐 성공시키지 못하느냐의 문제이다.

이것은 물론 당신이라면 확실히 할 수 있는 일이다.

'완전한 힘'의 협력을 얻을 수 있는 활동을 한다면 당신은
성공할 것이다. 왜냐하면, '완전한 힘'에게 실패는 없기 때문
이다.

'완전한 힘'은 당신을 도와서 각 활동의 효율을 올릴 수 있도
록 힘써 준다. 당신은 단지 그 활동에 '완전한 힘'을 집중시키
기만 하면 된다.

각 활동은 활력에 넘쳐 있든가, 활력이 없든가 둘 중 하나이
다. 당신이 하는 일이 모두 활력에 넘치고 있다면, 그것은 당신
이 '확실한 방법'에 따라서 활동하고 있는 것이므로, 반드시 부
자가 될 수 있다.

이미지를 계속 머릿속에 그리면서 '결심'과 '확신'을 가지면
당신은 분명히 활력에 넘치는 효율 좋은 활동을 할 수가 있다.

실은 그것이야말로 사고와 행동을 별개의 것이라고 생각하
는 사람들이 간과하고 있는 점이다. 그들은 어느 때 어느 장소
에서 사고하고, 또 다른 때 다른 장소에서 행동하는 사람들이

다. 그 때문에 그들의 행동 자체가 잘 이루어지지 않고, 대개는 아무런 효과도 얻지 못한다. 그렇지만 하나하나의 활동에 '완전한 힘'을 집중시키면, 아무리 평범한 활동이라 하더라도 그 자체가 좋은 결과를 낳는 것이다.

하나의 성공이 가일층의 성공을 초래한다

이것은 모든 사물의 본질인데, 어떤 일이 잘되면, 반드시 다른 일도 잘되게 되어 있다. 당신이 바라던 것에 다가가는 속도도, 바라던 것이 당신에게 다가오는 속도도 자꾸자꾸 빨라지게 될 것이다.

성공하는 행동은 누적되어서 확실한 결과를 가져다준다는 사실을 잊지 말기 바란다.

번영을 바라는 마음은 만물에 갖춰진 것이기 때문에, 어떤 사람이 활력 있는 인생을 향하여 움직이기 시작하면, 한층 더 많은 것들이 그 사람에게 흘러 온다. 그 결과, 그 사람의 소원에 의해서 초래된 기세가 증가하게 된다.

매일 그날에 할 수 있는 일은 전부 그날 중에, 반드시 효율이 오르게 할 수 있도록 하라.

활동할 때마다 이미지를 계속 가지라는 것은, 시종 그 이미지를 구체적으로 자세히 뇌리에 떠올리라는 의미가 아니다. 창조력을 구사해서 이미지의 세부를 정하고, 가슴에 새겨서 잊지 않도록 하는 것은 한가한 시간에 하면 된다.

최대한 빨리 좋은 결과를 얻고 싶다면, 가질 수 있는 자유 시간을 전부 이 작업을 하는 데 사용하라.

끊임없이 생각을 하고 있으면, 바라는 대로의 이미지를 그릴 수 있게 될 것이다. 그 이미지를 세세한 부분까지 그려서 뇌리에 새기고, 그것을 그대로 '혼돈'에 전하기 바란다.

일에 몰두하고 있을 때는 그 이미지를 환기하는 것만으로 결심과 확신을 상기하면서 최선의 노력을 할 수 있게 될 것이다.

자유로운 시간에는 그 이미지를 의식에 침투시켜서, 언제라도 떠오를 수 있도록 해 두어야 한다. 이미지를 떠올리는 것만으로 당신에게는 강한 에너지가 넘치고, 희망으로 가득 채워질 것이다.

이 장을 마무리하면서 요지를 복습하기 바란다.

• 만물의 근원은 사고하는 물질이다. 사고하는 물질이란 시원의 상태에서 우주 공간의 구석구석까지 퍼지고, 침투하고, 충만해 있다.

- 사고하는 물질 속에서 생겨난 사고는 상상한 것을 형성하고 만들어 낸다.
- 사람은 여러 가지의 형상을 생각하고, 혼돈에게 전해 그것이 만들어지도록 손을 쓴다.
- 그러기 위해서는 경쟁하는 것이 아니라 창조력을 활용해서 바라는 것의 이미지를 확실히 그리고, 부동의 '결심'과 흔들림 없는 '확신'을 계속 갖고, 매일 그날에 할 수 있는 일을 전부 그날 중에, 더구나 효율이 오를 수 있도록 해야 한다.

부의 시크릿

13

강한 소원은
높은 능력으로
나타난다

SECRETS OF THE RICH

당신은 '어떠한' 일을 하더라도 부자가 될 수 있다.
만일 그 직업에 어울리는 재능이 없으면,
일을 하면서 그 재능을 몸에 익히면 되는 것이다.

재능을 계발하고 능력을 살려라

어느 특정한 직업에서나 성공은 그 일을 처리할 수 있을 만큼의 능력이 충분히 개발되어 있느냐 없느냐에 달려 있다.

음악적 재능을 충분히 갖고 있지 못하면 좋은 음악 교사가 될 수 없으며, 기계를 다루지 못하면서 기계 매매업에 종사한다면 대성공은 바랄 수 없다. 재치와 영업 능력이 없다면 장사를 해 보았자 잘되지 않을 것이다.

단, 희망하는 직업에 필요한 능력을 충분히 갖추고 있다고 해서 반드시 부자가 될 수 있는 것은 아니다.

훌륭한 재능을 갖고 있는 데도 돈이 없어서 가난에 시달리고 있는 음악가들이 많다. 대장장이나 목수, 또 그 밖의 많은 직업에서도 뛰어난 기술을 가지고 있지만 부자가 되지 못한 사람들이 많이 있다. 물건을 사거나 파는 것에는 능숙한데도 장사는 잘 못하는 사람도 있다.

차이를 가져다주는 능력은 도구이다. 좋은 도구를 갖는 것은 물론이지만, '올바른 방법'에 의해서 사용하는 것도 대단히 중요하다. 아름다운 가구를 만들기 위해서는 똑바로 날을 세운 톱, 정확히 표시된 곱자, 말끔히 손질한 대패 같은 도구류가 필요하다.

어느 장인이 만든 가구를 다른 장인이 복제하려고 해 보아도 잘되지 않는다. 그 장인은 좋은 도구를 갖고 있어도 잘 다루지 못한다.

당신의 머릿속에 있는 여러 가지 능력은 좋은 '도구'라 할 수 있다. 부자가 되기 위해서는 그것을 사용하여 일을 해야 한다. 당신에게 갖춰진 지적 도구를 살릴 수 있는 일을 하면, 틀림 없이 잘 풀리게 될 것이다.

일반적으로는 강점을 살린 일, 선천적으로 '가장 알맞은' 일 쪽이 좋은 결과를 낼 수 있다고들 한다. 그러나 반드시 그렇지는 않다. 누구나 자신의 직업을, 선천적인 성질에 의해서 결정된 것이라고 생각해서는 안 된다.

당신은 '어떠한' 일을 하더라도 부자가 될 수 있다. 만일 그 직업에 어울리는 재능이 없다면, 일을 하면서 그 재능을 몸에

강한 소원은 높은 능력으로 나타난다

익히면 되는 것이다.

선천적으로 갖춰진 도구밖에 사용하지 않겠다고 단정할 필요는 없다.

이미 재능을 충분히 향상시킨 분야에서 성공하는 쪽이 간단하겠지만, 어떠한 직업에서라도 성공할 수가 있는 것이다.

왜냐하면, 아무리 미숙한 재능이라도 향상시킬 수가 있으며, 어떤 재능에라도 싹은 살아있기 때문이다.

가장 알맞은 일을 하면 많은 노력을 하지 않고도 어렵지 않게 부자가 될 수 있다. 물론 하고 싶은 일을 하는 경우에도 충분히 부자가 될 수 있을 것이다.

하고 싶은 일을 해 보는 것이 인생이다. 마음이 내키지 않는 일만 하고, 하고 싶은 일을 하지 못한다면 마음에서 울어나는 기쁨을 느끼지 못할 것이다.

당신이 하고 싶은 일이라고 사고하면 반드시 할 수 있는 것이다.

하고 싶어 하는 마음은 그것을 할 수 있다는 증거이다.

강한 소원은 높은 능력이 되어 나타난다

소원은 자신이 가진 힘의 발로이다.

음악을 연주하고 싶다는 소원은 음악을 연주하는 힘이 밖으로 나와서 활동하고 싶어 하는 것의 발로이다. 기계 장치를 발명하고 싶다는 소원은 기계적인 재능을 이끌어 내서 발휘하고 싶어 하는 것의 발로이다.

발달되어 있든 숙련되어 있지 않든 간에, 능력이 없으면 뭔가를 하고 싶다는 소원이 생기지 않는다. 어떤 일을 하고 싶다는 강한 마음은 그 능력이 높다는 증거이다. 단지 '올바른 방법'으로 그 능력을 키워서 전념하기만 하면 되는 것이다.

특별히 이렇다 할 기술이 없으면, 자신 있는 분야의 재능을 살릴 수 있는 일을 선택하는 것이 최선일 것이다. 그러나 특정한 직종에 종사하고 싶다는 소망이 강하면, 그 일을 궁극적인 목적으로 삼아야 할 것이다.

하고 싶은 일이라면 잘 할 수 있는 것이다. 자신에게 가장 잘 맞고, 하고 있으면 즐거운 일이나 직업을 선택하는 것은 당신의 당연한 권리이자 특권이기도 하다.

좋아하지 않는 일을 억지로 할 의무는 없다. 하고 싶은 일을 하기 위한 수단으로 선택하는 경우를 제외하고, 싫어하는 일을 해서는 안 된다.

과거의 착오로 당신이 좋아하지 않는 일이나 환경에 놓여 있다 하더라도, 당분간은 마음에 들지 않는 일을 계속 해야 한다. 지금 하고 있는 일을 당신이 하고 싶은 일을 가능케 하는 수단이라고 생각하고, 그 일을 될 수 있는 한 즐기도록 하라.

지금 하고 있는 일이 맞지 않는다고 느끼더라도 서둘러서 다른 일로 옮겨 가지 말라. 일이나 환경을 바꾸기 보다 당신 자신이 성장하는 것이 가장 좋은 방법이다.

전환의 기회가 찾아왔을 때에는 잘 생각해 보아야 한다. 그 것이 다시없는 기회라면 두려워하지 말고 과감하게 그리고 빨리 대전환을 도모할 필요가 있다. 다만 자신이 없으면 그런 행동은 삼가야 할 것이다.

전지전능한 마음은 기회를 만든다

실제로 창조력을 활용한다면 서두를 필요가 전혀 없다. 기회는 얼마든지 있기 때문이다.

경쟁심을 버리면 성급히 행동할 필요가 없다는 것을 알게 될 것이다. 당신이 바라는 것을 빼앗으려고 하는 사람은 아무

데도 없다. 요컨대 모든 사람이 그것을 가질 만큼 충분히 있기 때문이다. 어떤 장소를 누군가가 차지했다면, 얼마 안 있어 좀 더 좋은 다른 장소가 당신에게 준비될 것이다.

시간은 충분히 있다. 갈피를 못 잡고 있다면 기다려라. 지금 당신이 그렸던 이미지를 다시한번 곰곰이 생각해 보기 바란다. 결심과 확신을 깊이해서 어떠한 때라도, 설사 불안과 우유부단한 기분으로 가득 찼을 때라도 감사하는 마음을 잊지 말아야 한다.

하루나 이틀 동안 시간을 내서 소원의 이미지를 그려라. 그리고 이제 곧 그것이 실현되리라는 것을 진심으로 감사하면서 상상해 보기 바란다. 그렇게 하면 당신의 마음과 '숭고한 지성'이 굳게 결합해서 확실한 활동을 할 수 있게 해 줄 것이다.

전지전능한 마음은 모르는 것이 없다. 인생을 충실하게 살아갈 결심과 확신이 있으면, 그리고 깊이 감사하는 마음이 있으면 당신은 그 마음과 결합할 수가 있다.

시행착오가 생기는 것은 성급하게 행동하거나 두려움과 불안한 생각을 품거나, 만물에 활력을 가져다주는 '올바른 목적'을 잊기 때문이다.

'확실한 방법'에 따른다면 기회는 몇 번이고 얼마든지 찾아올 것이다. 당신은 결심과 확신을 굳게 지키고, 감사하는 경건한 마음을 가지고 '완전한 마음'과 당신 자신의 마음을 통하게 하라.

매일 할 수 있는 일은 전부 완벽하게, 그러나 안달하거나 고민하거나 불안을 느끼지 말고 행하기 바란다. 가능한 한 신속하게 행동하라. 단 결코 서둘러서는 안 된다.

서두른 순간에 당신은 창조가 아니라 '경쟁'에 몸을 내맡기게 된다. 또한 이전으로 되돌아와 버리게 된다.

자신이 서두르고 있다는 것을 느끼면 정지 명령을 내리고, 소원의 이미지를 마음속에 떠올리기 바란다. 그리고 그것에 가까이 다가가고 있는 것을 감사해야 한다.

'감사'는 반드시 당신의 확신을 깊게 하고 결심을 새롭게 해 줄 것이다.

부의 시크릿
14

사람을 끌어당기는
강한 힘

어린이에게 캔디 하나를 파는 경우라 하더라도,
번영의 생각을 그 거래에 담아서
상대방에게 그것이 틀림없이 전해지도록 해야 한다.

성장이 멈추면 멸망한다

직업을 바꾸느냐 마느냐는 별도로 하고, 당장은 지금의 직업에 어울리는 활동을 해 나가야 한다.

생각했던 대로의 일을 하려고 한다면, 이미 인정받은 능력을 적극적으로 활용해서 '확실한 방법'에 따라 우선 날마다 일을 하는 것에서부터 시작하라. 그 경우에는 반드시 상대방에게 '번영 감각'을 가져다주는 것이 비결이다.

번영은 모든 사람이 추구하는 것으로 인간의 내부에 있는 '무형의 지성'이 밖으로 나오려고 하는 강한 힘의 발로이다.

번영을 바라는 소원은 자연계의 모든 것들에게 존재하는, 우주의 본질적인 충동이다.

인간의 모든 활동의 근저에는 번영의 소원이 있어서, 풍부한 식량, 많은 의류, 보다 좋은 주거, 풍부한 사치품, 세련된 아름다움, 깊은 지식, 그리고 큰 기쁨 등 사람들은 보다 부자가 되기를, 보다 활력을 높이기를 바라고 있다.

이와 같이 모든 생물은 지속적인 성장을 계속할 필요가 있고, 성장이 멈추자마자 멸망하여 죽어 버린다.

인간은 본능적으로 그 사실을 알고 있기 때문에 더 많은 것을 계속 추구하고 있는 것이다.

끝없이 계속 번영한다는 이 법칙은 예수가 재능의 비유에서 언급했던 것이다.

"누구든지 있는자는 받겠고 없는자는 그 있는 줄로 아는 것까지도 빼앗기리라(누가복음 8장 18절)."

관계를 가진 모든 사람에게 번영을 가져다주어라

'부자가 되고 싶다'는 소원은 누구나 다 품는 자연스러운 것이어서, 사악한 일도 비난받아야 할 일도 아니다. 여러 가지 물자가 풍족한 생활에 대한 소원이고 동경인 것이다.

그 소원이 강한 본능으로서 모든 사람에게 갖춰져 있기 때문에, 사람은 풍부한 생활 수단을 가져다주는 상대에게 매력을 느끼는 것이다.

이제까지 설명한 '확실한 방법'에 따르는 한 당신 자신은 계속 번영하고, 당신과 관계가 있는 사람들 모두에게 번영을 가져다줄 수 있다.

당신은 창조력의 근원이니까, 다시 말하면 만물에 성장을 가져다주는 근원이기 때문이다.

그 사실에 확신을 갖고, 남성이든 여성이든 아이든 간에, 당신과 관계가 있는 모든 사람에게 그 사실을 확인시켜 주기 바란다.

아무리 작은 거래에서라도, 예를 들면 어린이에게 캔디 하나를 파는 경우라 하더라도, 번영의 생각을 그 거래에 담아서 상대방에게 그것이 틀림없이 전해지도록 해야 한다.

무슨 일을 하든 진보하는 감각을 전하도록 하라. 그렇게 하면, 모든 사람에게 당신은 '진보하는 인간'이라는 것이 전해져서, 당신은 모든 사람을 성장하게 할 수가 있다.

길가에서 만나는 사람에게도, 거래를 하지 않는 사람에게도 번영하는 감각을 전하기 바란다.

이 감각을 전하기 위해서는 당신 자신이 '바로 번영의 도상에 있다는 것'을 확신해야 한다. 그리고 그것을 모든 활동의 격려로 삼고, 무슨 일이든 충분한 확신을 갖고 행해야 한다.

무슨 일을 하든 간에, 당신 자신이 진보하고, 모든 사람을 진보시키고 있다는 것을 굳게 믿고 활동해 주기 바란다.

당신 자신이 점차 부자가 되는 것을 실감하라. 그것에 의해서 다른 사람도 부자가 되어서, 모든 사람에게 이익을 가져다주고 있다는 것을 실감하기 바란다.

성공을 자만하거나 과시하거나 해서는 안 된다. 불필요한 수다를 떨어서도 안 된다. 마음으로부터 확신하고 있다면 득의양양하지 말아야 한다.

자만을 하고 있는 사람은 대개 마음속으로는 자신이 없어서 불안을 느끼고 있다. 당신은 한결같이 확신을 하고, 거래를 할 때마다 행동과 목소리의 어조나 표정에 부자가 되고 있다는 것, 부자가 되었다는 것을 무언중에 분명히 나타내 보여라.

이런 감정을 전하는 데에는 말은 필요 없다. 당신을 보는 것만으로 상대는 번영의 감각을 느끼고 당신에게 다시 이끌려올 것이다.

당신과 접촉함으로써 자기 자신도 번영할 수 있다는 감각을 상대가 갖도록 만들어라. 그것이 상품의 대가보다 더 큰 이용 가치를 상대에게 가져다줄 것이다.

진지한 긍지를 가지고 거래를 해서 모든 사람에게 가치를 가져다주기 바란다. 그렇게 하면, 손님이 연달아 몰려 올 것이다.

사람들은 번영을 가져다주는 쪽으로 향할 것이며, 만물의 번영을 바라는 전지전능한 하나님은 당신을 몰랐던 사람들까지 당신 곁으로 향하게 해 줄 것이다.

당신의 사업은 급속히 발전하고, 예상 밖의 놀랄 만한 이익을 얻게 될 것이다. 당신은 날마다 매상이 올라가고 이익이 증가해서, 원한다면 좀 더 잘 어울리는 일을 할 수도 있을 것이다.

단 이런 일을 하고 있을 때라도 바라는 것의 이미지와, 그것을 손에 넣으려는 결심과 확신을 잊어서는 안 된다.

지배욕을 떨쳐 버려라

행동의 동기에 대하여 한 마디 덧붙이기로 하겠다.

남을 지배하고 싶다는 부정한 유혹에 넘어가서는 안 된다.

미숙하고 미완성된 인간에게 지배력을 휘두르는 것만큼 쾌감을 주는 일은 없을 것이다. 따라서 성숙한 사람이라면 절대 해서는 안되는 일이다.

방자한 지배욕이야말로 세계를 괴롭힌 원흉이다.

실로 오랜 동안, 역대의 국왕들과 봉건영주들은 영토 확장을 꾀하여 전쟁을 하고, 그때마다 대지를 피로 물들여 왔다. 그들의 목적은 만물에게 활력을 가져다주는 것이 아니라, 지배자 혼자 한층 더 강력한 권력을 손에 넣기 위한 것이었다.

오늘날에도 실업계나 산업계의 주된 목적은 다를바가 없다.

사람들은 달러를 무기로 군대를 정렬시켜 똑같은 지배권을 둘러싸고 똑같은 쟁탈전을 벌여서, 수백만이나 되는 사람들의 인생이나 마음을 황폐하게 만들고 있다. 상업 분야의 거물도 정치를 휘두르는 왕과 마찬가지로 권력욕에 의해서 움직이고 있다.

예수는 이 지배욕을, 악마가 부추기는 충동이라고 간파하여 멸망시키려고 했다.

예수는 바리새인의 지배욕을, '제자들'인 '형제들'이 하나님을 간절히 구하는 모습과 대비시켰다.

진정한 부자가 되기 위해서는 권력을 추구하거나 '스승'이라 불러 주기를 바라거나, 높은 자리에 앉거나, 사치를 해서 남에게 보이고 싶은 충동을 품지 않도록 경계를 해야 한다.

남을 지배하고 싶은 마음의 움직임은 경쟁심이지 창조력이 아니다. 당신의 환경이나 운명을 바꾸기 위하여 동포를 활용할 필요는 없다.

지위를 둘러싼 치열한 경쟁에 발을 들여놓아 버리면 당신 자신이 운명과 환경한테 지배를 받게 된다. 그리고 부자가 되기 위해서는 운을 바라든가 투기를 하는 수밖에 없다.

"경쟁심을 조심하라!"는 '황금률'을 표방한 트리드시의 존스 (오하이오주 트리드 시장을 지낸 실업가, 사무엘 존스[1846~1904]는 자기의 회사 공장에서 하루에 8시간 노동, 최저임금제, 유급 휴가 등의 개혁을 도입하고 아동 취업을 금지했다) 씨의 말만큼, 창조적인 활동이 어떻게 생겨나는가를 잘 나타낸 표현은 없을 것이다.

"무엇이든지 남에게 대접을 받고자 하는 대로 너희도 남을 대접하라(마태복음 7장 12절)."

이것이 사무엘 존스가 표방한 황금률이었다.

부의 시크릿

15

매일매일 성장하는 인간의 비밀

SECRETS OF THE RICH

번영의 법칙은
인력의 작용과 마찬가지로 수학적으로 확실하고,
부자가 되는 것은
참으로 객관적이고 명확한 과학적 지식이다.

번영의 감각은 힘차게 진화한다

앞 장에서 설명한 내용은 장사를 하는 사람뿐만 아니라, 전
문직을 갖고 있는 사람이나 공장 노동자에게도 꼭 들어맞는 것
이다.

의사, 교사, 목사 등 직업이 무엇이든 간에 사람들에게 번영
의 감각을 가져다줄 수 있다면, 당신 곁에는 사람들이 모이게
되어 부자가 될 수 있을 것이다.

의사가 개업의로써 대성하고 싶다는 소원을 품고, 그 실현
을 향해서 결심과 확신을 갖고 노력한다면, 이제까지 예를 든
것과 마찬가지로 '생명의 근원'과 밀접한 관계를 가짐으로써
이윽고 경이적일 정도로까지 대성공하여 환자들이 떼를 지어
찾아오게 될 것이다.

개업의는 이 책의 가르침을 훌륭하게 활용할 수 있는 직업

의 좋은 예라고 할 수 있다. 그 의사가 어느 의대에 소속되어 있는가는 문제가 되지 않는다. 치료의 원리는 어느 의대에나 공통된 것이기 때문이다.

개업의 세계에서 '진보하는 인간'은 성공한 자기 자신의 이미지를 확실히 갖고, 결심과 확신과 감사의 법칙에 따라서 자신이 맡은 환자의 모든 병을, 아무리 곤란한 경우라 하더라도 가능한 한 치료해 줄 것이다.

종교 분야에서는 풍족한 생활의 실현 방법을 설교하는 목사를 사람들은 간절히 바라고 있다. 부자가 되기 위한 과학적 방법을 상세히 체득하고, 건강과 인망과 사랑에 혜택 받는 방법과 아울러 설교를 한다면, 목사는 신도들의 뜨거운 지지를 얻을 것이다.

그것이야말로 세계가 구하는 복음이고 사람들의 생활을 번영케 하는 것이다. 사람들은 기꺼이 그것을 듣고, 지식을 가져다 준 목사를 아낌없이 지원할 것이다.

사람들이 원하는 것은 설교대의 목사가 직접 복음을 실천해 보여 주는 것이다. 우리들은 목사가 그 방법을 설교할 뿐만 아니라, 몸소 그 방법을 실천하기를 요구하고 있다.

목사 자신이 부자가 되고, 건강을 얻고, 인망을 모으고, 사랑받는 사람이 되어서 어떻게 하면 그렇게 될 수 있는가를 가

르쳐 주기를 바라고 있다. 만일 그것을 할 수 있다면, 그 목사
는 대단히 많은 충실한 신도들을 얻게 될 것이다.

교사에 대해서도 사정은 마찬가지다. 결심과 확신을 갖고
인생을 풍족하게 살도록 아이들을 격려하는 교사라면, '실직'
하는 일은 없을 것이다. 교사에게 이 결심과 확신만 있다면, 자
신이 체득하여 실천하고 있는 것을 아이들에게 꼭 전해 주고
싶을 것이다.

의사와 목사와 교사의 예에 의해서 증명된 것은 그대로 법
률가나 치과의사, 부동산업자나 보험 모집인, 그 밖의 모든 직
업을 가진 사람들에게도 꼭 들어맞는다.

자기 자신을 위하여 일에 몰두하라

사고와 행동을 앞에서 이야기한 대로 양립시키면 절대로 실
패하는 일이 없고, 반드시 효과를 얻을 수 있다. 착실히, 지속
적으로, 게다가 정확히 이 가르침을 따르면 당신은 반드시 부
자가 될 수 있다.

번영의 법칙은 인력의 작용과 마찬가지로 수학적으로 확실
하고, 부자가 되는 것은 참으로 객관적이고 명확한 과학적 지

식이다.

공장에서 일하는 사람도 다른 직업을 가진 사람과 마찬가지로, 이런 사정이 꼭 들어맞는다는 것을 알 수 있을 것이다. 출세의 가능성이 없는 직장에서 임금은 적고 생활비는 많이 든다고 해서, 기회가 막혀 있다고 비관해서는 안 된다.

매일 당신이 할 수 있는 일은 전부 해야 한다. 무슨 일을 하든 간에 성공시키려고 하는 의지와, 부자가 되려고 하는 결심을 담아서 하나하나의 작업을 완벽하게 해내도록 하라.

이것은 경영자의 비위를 맞추기 위해서 하는 것이 아니다. 윗사람이 당신의 일하는 모습을 보고 출세시켜 줄 것이라고 기대해 보았자, 대개는 그 기대가 어긋나게 될 것이다.

능력을 전부 발휘해서 주어진 일을 하고, 그것으로 만족하는 노동자는 경영자에게 가치 있는 한 사람의 '우수한' 직원에 불과하다. 경영자는 그 사람을 출세시켜 주려고는 생각하지 않는다. 지금 하고 있는 일을 점점 더 시키려고 할 것이다.

즉, 확실히 진보하기 위해서는 지금 하고 있는 일을 끝까지 해내는 것만으로는 부족하다.

확실히 진보하는 사람은 지금의 입장에 안주하지 않는 사람이고, 무엇이 되고 싶은가가 명확하기 때문에 "반드시 그렇게 된다"고 하는 소원과 결심을 가진 사람이다.

경영자를 기쁘게 하기 위해서가 아니라 당신 자신을 진보시키기 위해서 지금 하고 있는 일을 끝까지 해내도록 하라. 근무를 하고 있는 동안이나 일을 하기 전후에, 진보하겠다는 결심과 확신을 갖고 일에 힘써라.

상사나 동료나 친구, 그리고 만나는 사람들은 모두 당신이 발하는 강한 힘을 느끼도록 결심과 확신을 가져야 한다. 그렇게 하면 진보하고 번영한다는 감각이 반드시 상대에게 전해질 것이다.

그러는 동안에 여러 사람들이 당신에게 관심을 갖게 되고, 지금 하고 있는 일에 더 이상 가능성이 없다고 깨달으면, 이윽고 다른 일로 옮겨갈 기회가 찾아오게 된다.

섭리에 따라서 활동하는 '진보하는 인간'에게는 항상 기회를 주는 '힘'이 작용한다.

만일 당신이 '확실한 방법'에 따라서 행동한다면, 하나님은 당신에게 손을 내밀지 않을 수가 없을 것이다.

만물은 당신을 위하여 존재한다

환경이나 공장은 당신을 억압할 권리를 갖고 있지 않다. 만일 철강회사에서 일해도 부자가 되지 못한다면, 10에이커(약 1만 2천2백 평)의 농지를 구입해서 부자가 될 수도 있을 것이다. 그러나 당신이 '확실한 방법'에 따라서 행동을 한다면 철강회사의 '톱니바퀴'로부터 해방될 수 있을 것이다. 또한 농장이든 어디든 간에 가고 싶은 곳으로 이사를 가면 되는 것이다.

수천 명의 종업원이 '확실한 방법'으로 분규를 일으키면, 철강 업계는 머지않아 곤경에 처해서 노동자에게 기회를 주고 이직을 인정하지 않을 수 없을 것이다.

'확실한 방법'에 따라 이제까지 언급한 것처럼 사고하고 행동하라. 당신이 확고한 결심과 확신을 계속 갖고 있으면, 상황을 개선하기 위한 기회에 민감해질 것이다.

기회는 곧 찾아올 것이다. 그것은 '만물' 속에서 당신을 위하여 활동하고 있는 '하나님'이 기회를 가져다 줄 것이다.

소원이 전부 이루어질 기회를 기다려서는 안 된다. 지금보다 좋아질 기회가 찾아와서 당신의 마음이 움직이면 그것을 붙잡아야 한다. 그것이 한층 더 큰 기회를 향해 가는 첫걸음이 될 것이다.

이 우주에서 진보하는 인생을 보내고 있는 사람에게 기회가 찾아오지 않을 리가 없다.

우주라는 조직에는, 만물이 사람을 위해 존재하고, 힘을 합쳐서 사람을 위해 일하는 성질이 있다. 그렇기 때문에 '확실한 방법'에 따라서 행동하고 사고하면, 틀림없이 부자가 될 수 있다.

그러므로 비록 지금은 어떠한 상황에 있든 간에, 세심한 주의를 하면서 이 책을 읽고, 자신감을 갖고 행동을 일으키면 되는 것이다.

부의 시크릿

16

부를 얻는
과학적 방법을
실천하라

SECRETS OF THE RICH

교육을 충분히 받지 못한 링컨에게,
링컨 혼자서 대단한 정치적 위업을 달성케 한
그 똑같은 '능력'이 당신에게도 갖춰져 있다.

부자가 되는 과학적 방법을 실천하라

부자가 되기 위해서는 객관적이고 명확한 과학적 지식이 있다고 하더라도 대부분의 사람들은 믿으려고 하지 않을 것이다. 많은 사람들이 부의 공급은 제한되어 있다고 믿어 버리고, 사회나 정부 기관이 변하지 않으면 다소라도 재산을 가질 수 없다고 생각하기 때문이다.

그러나 그렇지 않다.

확실히 현재의 정부 치하에서는 대중은 돈에 혜택받지 못하고 있다. 그러나 그것은 그 사람들이 '확실한 방법'에 따라서 행동하지 않기 때문이다.

만일 대중이 이 책이 가르치는 내용에 따라서 행동한다면, 정부도 산업계도 그것을 막을 수가 없게 된다. 이러한 움직임이 고조되어 가면, 모든 체제가 개혁되게 될 것이다.

대중이 '진보하려고 하는 마음'과, 반드시 부자가 될 수 있다는 '확신'과 부자가 되겠다는 부동의 목적을 갖고 움직이기 시작하면, 아무것도 그들을 빈곤 상태로 가둬 둘 수가 없다.

누구나, 언제라도, 어떤 정부 치하에서도 '확실한 방법'에 따름으로써 부자가 될 수 있다. 그런 사람들의 수가 늘어나면, 어떤 정치 체제든 간에 현 체제가 개혁되어서, 다른 사람들에게 길이 열리게 될 것이다.

많은 사람들이 경쟁 원리에 의해서 부자가 된다면, 그렇지 않은 사람의 상황은 나빠지게 된다. 그러나 많은 사람들이 창조력을 활용하는 것에 의해서 부자가 된다면, 그 밖의 사람들에게도 좋은 상황이 만들어 질 것이다.

대중을 경제적으로 구제하기 위해서는 그들이 이 책에서 소개한 과학적 방법을 실천해서 부자가 되는 길밖에 없다. 그 사람들은 이윽고 누군가에게 이 방법을 전하고 격려하고, 충실한 인생을 바라는 마음과, 반드시 달성할 수 있다는 확신과 결심을 갖도록 분발시켜 나갈 것이다.

그러나 우선은 대중이 부자가 되는 것을 막고 있는 것은 현재의 정부도, 자본주의적 혹은 경쟁주의적 산업도 아니라고 믿는 것만으로 충분하다. 창조적인 사고를 하게 되면, 당신은 그런 것으로부터 초월하여 다른 세계로 갈 수가 있다.

단, 항상 창조적인 사고를 할 수 있도록 노력하기 바란다. 그렇게 하면 주어지는 것에 한계가 있다고 생각하거나, 경쟁심 때문에 윤리적으로 괴로워하는 일도 없을 것이다.

이전의 사고방식으로 되돌아오게 되면, 신속히 궤도 수정을 해야 한다. 왜냐하면, 경쟁심을 품고 있는 동안에는 '모든 것을 관장하는 마음'의 협력을 얻지 못하게 되기 때문이다.

아무것도 두려워하지 말라

미래의 예측할 수 없는 사태에 어떻게 대처해야 할까 하고 이것저것 생각하면서 시간을 헛되이 보내서는 안 된다. 내일 일어날지도 모르는 사태가 아니라, 오늘 하는 일을 완벽하게 하는 것만을 생각하기 바란다. 예측할 수 없는 사태에 대해서는 그 상황이 되고나서 대처하면 된다.

장해가 명백해서 지금 당장 진로를 바꾸지 않으면 피할 수 없는 경우가 아닌 한, 머리 한쪽 구석에 어렴풋이 떠오른 불안에 어떻게 대처하면 좋을까 하고 생각하면서 괴로워할 필요는 없다.

멀리 아무리 큰 장해가 나타나더라도, '확실한 방법'에 따라서 나아가는 동안에, 아득히 먼 곳에서부터 그것에 도달했을 때, 혹은 주위에 다가갔을 때에는 그 장해가 없어져 있는 것을 알게 될 것이다.

아무리 복잡한 상황에 빠졌다 하더라도 과학적인 법칙에 따라서 부자가 되는 방향으로 나아가는 한, 실패하는 일은 없을 것이다.

이 법칙에 따른다면, '2×2'의 곱셈은 항상 '4'인 것과 마찬가지로 부자가 되지 않을 수가 없다.

재해를 당하거나, 장해가 생기거나, 공황에 빠지거나 그 밖에 바람직하지 않은 상황이 한꺼번에 일어난다 하더라도, 고민할 필요는 없다. 지금 이 순간에도 그 가능성은 충분히 있다. 그러나 모든 고난은 이윽고 지나간다는 것을 당신은 머지않아 배우게 될 것이다.

말에 대하여 조심해야 한다. 자신에 대한 것이든, 일에 대한 것이든 간에 나약한 말투나, 하고 싶은 마음을 없애 버리는 말투를 사용하지 말라.

실패의 가능성에 대하여 언급하거나, 실패를 시사하는 말을 해서는 안 된다.

곤란한 시대라든가, 경기 전망이 불안하다는 것 등을 화제로 삼지 말라. 경쟁 사회에서 살고 있다면, 곤란한 시대일지도 모르고, 경기의 전망이 불안할지도 모른다.

그러나 당신에게는 사정이 다르다. 바라는 것을 만들어 내는 힘이 있기 때문에 당신에게는 불안이 없다.

다른 사람들이 곤란한 시대에 불경기에 허덕이고 있을 때라도, 당신은 최고의 기회를 찾아낼 수가 있다.

세계를 '생성 과정에 있는 것'이라고 인식하도록 노력하기 바란다.

세계는 성장하고 있고, 재앙이 닥치면 그것은 미숙하기 때문에 일어나는 현상이라고 생각하라. 언제라도 진보하고 있다는 것을 느끼면서 이야기를 하도록 하라.

그렇게 하지 않으면, 당신의 확신이 애매모호한 것이 되고, 애매모호해진 확신은 결국 소멸된다.

어떤 경우라도 절망을 해서는 안 된다. 특정한 시기에, 특정한 것을 손에 넣고 싶다고 기대하고, 그 시기에 손에 넣지 못하면 실패했다고 생각하는 것은 잘못이다.

그러나 확신을 갖고 있으면, 당신이 실패했다고 '생각한' 것은 실패한 것으로 '보였을 뿐'이라는 것을 알게 될 것이다.

'확실한 방법'에 따라서 매진하기 바란다. 그렇게 하면, 바라는 것을 얻지 못하더라도 시간이 지나면, 그것보다 훨씬 더 훌륭한 것을 당신은 손에 넣고, 실패라고 생각되던 경험이 사실 은 훌륭한 성공이었다고 생각할 수 있게 될 것이다.

이 방법을 배운 어떤 사람은 염원하던 기업을 매수하려고 여러 달 동안이나 그 실현을 위해 노력했다. 중요한 시기에 접 어들었을 때, 그 계획은 완전히 불가능하다고밖에 할 수 없는 것으로 틀어져 버렸다. 마치 눈에 보이지 않는 힘이 작용해서 그 사람의 발을 은밀히 끌어당기고 있는 것 같았다.

그러나 그 사람은 절망하는 대신에 희망이 엄습해 온 것을 하나님에게 감사하고, 감사하는 마음을 갖고 착실히 주어진 일 에 매진했다.

그러자 몇 달 뒤에는 이전의 거래가 성사되지 않아서 잘되 었다고 생각할 수 있을 정도로 훌륭한 기회가 찾아왔던 것이 다. 그리고 그 사람은 자신의 지식을 초월한 '숭고한 지성'의 인도로, 작은 이익에 구애되지 않은 결과로 큰 손해를 면했다 는 것을 알았던 것이다.

이와 같이, 실패로 보였던 것에 대하여 좌절하지 않고 감사 하는 마음으로 그날 중에 할 일을 전부 하고, 하나하나의 활동 을 충실히 해 나가다 보면, 이윽고 좋은 결과가 찾아올 것이다.

실패를 하는 것은 구하는 방법이 충실하지 않았기 때문이

다. 계속 구하라. 그러면 좀 더 훌륭한 것이 반드시 당신에게
찾아올 것이다.

이 책을 되풀이해서 읽고 실천하라

하고 싶은 일이 있는 데도 필요한 재능이 없다는 이유만으
로 실패하는 일은 없다. 내가 말한 것을 실천해 보라. 그 일에
필요한 모든 재능을 성장시킬 수가 있다.

재능을 신장시키기 위한 과학적 방법은 이 책이 다룰 문제
가 아니다. 그러나 그것은 부자가 되는 방법과 마찬가지로 확
실하고 간단명료한 방법이다.

어느 시점에 가서 재능이 부족한 것 때문에 실패하지는 않
을까 하고 두려워하거나 주저하거나 동요해서는 안 된다. 그때
에는 당신에게 필요한 재능이 이미 갖춰져 있을 것이다. 교육
을 충분히 받지 못한 링컨에게, 링컨 혼자서 대단한 정치적 위
업을 달성케 한 그 똑같은 '능력'이 당신에게도 갖춰져 있다.

당신은 그 능력을 이용하여 지혜를 구사해서 당신에게 주어
진 책임을 완수할 수 있다. 모든 일을 마음으로부터 확신을 갖
고 시작해 보라.

이 책을 꼼꼼히 읽기 바란다. 그리고 이 책을 언제나 당신의 친구로 삼고 여기에 써 있는 내용을 전부 습득하라.

이 책의 내용을 마음으로부터 확신할 수 있으면, 당신은 반드시 부자가 될 수 있을 것이다. 그리고 이 책의 내용과 양립할 수 없는 생각을 권장하는 강의나 설교를 하는 곳에는 가까이 가지 말라.

비관적인 책이나 이 책과 양립할 수 없는 내용의 책을 읽거나, 이 책에 대해서 논쟁을 하거나 하지 말라.

자유로운 시간이 생기면 소원의 이미지를 깊이 새기고, 감사하는 마음을 기르고, 이 책을 읽는 데 쓰기 바란다.

이 책을 읽으면 부자가 되는 데 필요한 과학적 지식을 전부 얻을 수 있다.

부의 시크릿
17

부의 시크릿
사용설명서

SECRETS OF THE RICH

자유로운 사람과 같은 공간을 공유하면,
이제까지와는 다른 형태로 인생을 살 수가 있다.
행복하고 풍족하게 살고 있는 사람의 '리듬감'을
꼭 체득하기 바란다.
자유로운 사람이 어떤 감성으로 사물을
받아들이고 행동하는지를 가까이에서 느끼고 있으면,
당신도 그렇게 살 수가 있다.

부자가 되는 법칙

경쟁보다 창조력을 활용하라 ————

만물의 근원은 사고하는 물질이다. 사고하는 물질이란 시원의 상태에서 우주 공간의 구석구석까지 퍼지고, 침투하고, 충만해 있다.

사고하는 물질 속에서 생겨난 사고는 상상한 것을 형성하고 만들어 낸다.

사람은 여러 가지의 형상을 생각하고, 그 생각은 혼돈에게 전해 그것이 만들어지도록 손을 쓴다.

그러기 위해서는 경쟁하는 것이 아니라 창조력을 활용해야 한다. 그렇게 하지 않으면, 경쟁심과는 무관한 창조력으로 가득찬 '무형의 지성'과 힘을 합칠 수가 없다.

사람이 혼돈과 완전히 일체가 되기 위해서는 그 은혜에 항상 깊이 감사하는 마음을 가질 필요가 있다. 감사하는 마음을 가짐으로써 사람의 마음과 '물질'의 지성이 결합하여 사고가 '혼돈'에 전해지게 되는 것이다. 항상 깊이 감사하는 마음을 갖지 않으면, 사람은 창조력을 발휘할 수가 없다.

손에 넣고 싶은 것, 하고 싶은 일, 되고 싶은 것의 정확하고 명확한 이미지를 그려야 한다. 그 이미지를 계속해서 가져야 하고 '하나님'에게 깊이 감사하는 마음 또한 계속 가질 필요가 있다.

부자가 되고 싶은 사람은 자유로운 시간에는 그 '이미지'를 깊이 새기고, 그것이 이제 곧 실현될 것이라는 것을 마음으로부터 감사해야 한다.

이미지를 새기는 것과 함께, 흔들림 없는 확신과 경건하게 감사하는 마음을 계속 갖는 것이 무엇보다도 중요하다. 그것에 의해서 이미지가 '혼돈'에 전해지고, 창조력이 작용하기 시작하는 것이다.

창조적 에너지는 성장을 자극한다 ─────

창조적인 에너지는 자연계의 성장이나, 산업이나 사회 질서 속에서 기존의 경로를 통해서 작용한다. 앞에서 이야기한 가르침을 지키는 강한 확신을 가진 사람은 이미지로 그린 것을 전부 갖게 된다. 바라던 것을 종래의 전통 경로를 통해서 얻게 될 것이다.

그것을 자신의 것으로 만들기 위해서는 행동에 의해서 손을 써야 한다. 행동이란 지금 하고 있는 일로는 수습되지 않는 활동을 하는 것이다. 상상한 이미지를 실현시켜서 부자가 되겠다는 '결심'을 계속 가져야 한다.

그리고 매일 그날 중에 할 수 있는 일을 전부 하고, 그리고 각 활동을 완벽하게 해야 한다. 자신이 받은 대가 이상의 일을 누구에게나 해야 한다. 그렇게 하면 거래를 할 때마다 활력이 높아질 것이다.

또한 '진보하는 사상'을 계속 갖고, 번영하는 감각이 접촉하는 모든 사람에게 전해지도록 하는 것이 중요하다.

앞에서 언급한 가르침을 실천하는 사람은 반드시 부자가 될 것이다. 그리고 그 사람들이 받는 부는 이미지의 정확성과 결심의 굳음, 확신의 강함과 감사의 깊이에 확실히 비례한다.

부자가 되는 법칙의 사용 설명서

이 책을 다 읽고난 지금 당신은 어떤 감상을 갖고 있는가?

"역시 이미지가 중요하구나!" 하면서 감격하고 있는 분도 있겠지만, "그렇게 말하지만, 현실적으로는 어떻게 하면 좋지?" 하고 당황하고 있는 분도 있을 것이다.

지금부터 '부'의 에센스를 일상에서 어떻게 살리는가에 대하여 이야기하기로 하겠다.

부자가 되려면 자신이 하고 싶은 일을 하라 ──────

이 책은 100여 년 전에 출간되었지만, 현대의 모든 사람에게 유효한 것을 제시해주고 있다. 그중 하나가 부자의 정의이다.

"부자는 자신이 하고 싶은 일을 한다."

이 이상으로 명확한 정의가 또 어디 있겠는가?

유감스러운 일이지만, 이 책이 출간되고 100년이 지난 현재도 좋아하는 일만 하고 있는 사람은 극소수다. 참으로 풍족한 인생을 실현하기 위해서는 무엇을 하고 싶은가, 좋아하는 일은 무엇인가를 분명히 할 필요가 있을 것이다.

자신이 정말로 하고 싶은 일을 계속 할 수 있다면, 그 사람은 이미 행복한 인생을 보내고 있다고 할 수 있다. 자신이 하고 싶은 일을 100가지만 써 보기 바란다. 실제로 써 보면 알겠지만, 100가지를 다 채우지 못할 것이다. 그것은 일상생활 속에서 꼭 해야 할 일에만 포커스가 맞춰져 있어서 하고 싶은 일은 생각해 보지도 않았기 때문이다.

스스로 한계를 만들지 말라 ─────

자신이 하고 싶은 일을 중심으로 해서 살아가지 못하는 사람들은 대부분, "나는 할 수 없다"고 믿고 있기 때문이다. 또 자신에게는 다른 사람을 기쁘게 해 줄 재능이 없다고 믿고 있다.

그렇기 때문에 자신에게 맞지 않는 일을 어쩔 수 없이 하고 있다.

현재 여러 분야에서 대성공을 거두고 있는 사람들도 처음에는 그렇게 했다. 그러나 우연한 일을 계기로, "나는 무슨 일을 할 수 있을지도 모른다"고 생각하게 되고, 그때부터 조금씩 인생이 바뀌기 시작한 것이다.

가장 중요한 것은 스스로 한계를 만들지 않는 것이다.

자신은 무엇을 할 수 있는가를 생각하기 전에, 무슨 일을 하면 가슴이 설레는가를 생각해 보라. 자신의 재능과는 전혀 다른 일에 가슴이 설레는 사람은 그다지 많지 않다. 그렇게 해서 사고의 제한을 없앨 때, 자유로운 인생이 시작된다.

자유로이 살고 있는 사람과 교제하라 ————

자유로이 살고 싶으면 주위에서 자유로이 살고 있는 사람을 찾아보라. 경제적, 정서적, 사회적으로 자유로운 사람이 주변에 있는지 찾아보기 바란다.

물론 대부분의 사람은, "그런 사람 없다"고 말할 것이다. 그것은 당신이 제한 속에서 살고 있기 때문이다.

'자유로운 사람을 만나야지!' 하고 결정하면, 이상한 형상으로 그것은 실현된다.

자유로운 사람과 같은 공간을 공유하면, 이제까지와는 다른 형태로 인생을 살 수가 있다. 행복하고 풍족하게 살고 있는 사람의 '리듬감'을 꼭 체득하기 바란다. 자유로운 사람이 어떤 감성으로 사물을 받아들이고 행동하는지를 가까이에서 느끼고 있으면, 당신도 그렇게 살 수가 있다.

최대의 행복은 사랑하는 사람에게 이익을 주는 것이다 ─────

이 책에는 멋진 말이 많이 등장하고 있지만, 이것도 그중 하나이다. 사랑하는 사람을 기쁘게 해 줄 수 있는 사람은 행복하다. 그것은 직장이나 가정에서도 마찬가지일 것이다.

대부분의 사람은 일을 하지 않으면 안 된다고 생각하고 있다. 바꿔 말하면, 의무나 역할이라고 생각하고 있는 것이다. 행복한 사람이나 성공한 사람은 가장 좋아하는 고객을 기쁘게 해줄 수 있는 명예롭고 즐거운 활동으로 일을 받아들이고 있다. 사랑하는 사람을 어떻게 즐겁게 해줄까, 기쁘게 해줄까 하고 그것을 추구하고 있다.

그것이 결과적으로, 하고 있는 일의 질을 높여 주어서, 그 사람의 일은 점점 더 명성을 얻게 된다.

가슴이 설레는 인생을 살아라! ─────

가슴이 설레는 인생이란 무엇일까?

그것은 당신밖에 알 수가 없다. 또 당신밖에 그것을 실현할 수가 없다.

이 책을 계기로 해서, 당신이 자유로이 바라는 것을 손에 넣

는 인생을 살기를 진심으로 기원한다. 자신을 믿고, 정열적으
로 꿈을 현실로 만들어라.

왜 이런 것이 진실이냐고 물을 필요도 없다.
도대체 어째서 이것이 진실일까 하고 고민할 필요도 없다.
그냥 이것을 믿기 바란다.
부자가 되기 위한 과학적인 지식은
이 신조를 절대적인 것으로 받아들이는 것에서부터
시작되기 때문이다.

부의 시크릿
스페셜

돈을 움직이는
아주 단순한 시크릿
10가지

- 편집부 엮음 -

SECRETS OF THE RICH

부와 사랑을 가까이 하기 위해서는
돈이라는 도구를 능숙하게 다룰 수 있는 지식과 기술, 행동력,
풍부한 인생경험, 아름다운 인간성과 맑은 정신이 필요하다.
이러한 자질을 가진 사람들이 쓰는 돈은
장인이 완성시킨 불상처럼 많은 사람들을 감동시킨다.

왜, 성공하지 못하는가?

우리는 세계의 알려진 대부호들의 사고방식이나 행동, 그리고 그들이 지금까지 실천하고 있는 '부와 사랑을 손에 넣는 법칙'같은 것은 이미 우리도 알고 있는 방법으로 누구나 마음만 먹으면 쉽게 할 수 있는 일이다.

이것은 우리가 어릴 때, '나쁜 일을 해서는 안 돼', '다른 사람에게는 친절하게', '인사를 잘해라', '뒷정리는 깨끗이 해라', '하나님이 너를 보고 있다'라는 말들을 우리 주위의 어른들에게 들어왔다. 따라서 우리가 부를 얻기 위해서는 마음속 깊은 곳에 있는 '근본'을 불러일으켜야 한다.

유태인 대부호 한 사람은 이런 말을 했다.

"왜 성공하지 못하는 사람이 있을까? 대답은 간단해. 그들은 '해서는 안 된다'고 알고 있는 일을 하기 때문이야."

이처럼 '부와 사랑을 손에 넣는 법칙'은 실제로는 아주 간단하다.

그것은 이미 우리가 알고 있는 것처럼, 굳이 얼굴을 찌푸리고 힘들게 생각하려 하거나 또는 멘토가 말하는 것처럼 해서는 안 된다고 알고 있는 일들을 하기 때문에 '부와 사랑'에서 점점 멀어지게 되는 것이다.

간단한 예를 들어보자. '인사를 잘 한다'는 것쯤은 누구나 알고 있는 아주 간단한 일이다. '언제나 웃으며, 자세를 바로 하고 걷는다.' 이것도 간단하다. 그런데도 왜 그들은 굳이 두 손을 주머니에 집어넣고 등을 구부리고 미간에 주름을 잡고 사람과 눈을 마주치는 것을 피하면서 걷는 것일까? 만약 당신이 멘토로서 장래성 있는 젊은이를 지도하려고 생각하면 어떤 젊은이를 선택하겠는가?

다른 예를 들어보자. 블로그를 시작하는 사람은 많지만 3개월 후에도 계속하는 사람은 30%뿐이고, 나머지 70%의 사람들은 '작심삼일'로 포기한다고 한다. 그럼 블로그를 한 주에 한 번이라도 정기적으로 계속해서 올리고 있다면 당신은 간단하게 상위 30%에 들어갈 수 있다.

능력 없는 사람일수록 현실을 도피하고 좋지 않은 결과에는 책임을 지지 않고 남의 탓으로 돌리려고 한다. 그것은 아주 간단한 것을 그들은 굳이 힘겹게 생각하는 것이다.

파레토의 법칙을 사용하라

100년쯤 전에 이탈리아에 파레토라는 경제학자가 있었다. 지금도 서양에서는 '파레토의 법칙' 또는 '80대 20의 법칙'으로 불리며 그의 이론이 널리 알려져 있다. 이 법칙에 의하면, 우리는 우리 자신의 소중한 시간과 에너지의 80%를 헛되이 쓰고 겨우 20%의 시간과 에너지만을 중요한 일에 쓴다는 것이다. 회사에서는 20%의 종업원이 80%의 성과를 올린다. 학급의 20%의 학생이 학교문제의 80%를 일으킨다. 그리고 궁극적으로는 인구의 20%의 사람들이 인류의 부 80%를 소유한다. 100년이 지난 지금에서는 인구의 10%의 사람들이 부의 90%를 소유한다고 말해도 과언이 아니다.

이 법칙을 우리의 일상에 비춰보라. 우리는 우리의 소중한 돈의 80%를 허무하게 쓰고 자신의 장래를 위한 투자에는 20% 밖에 쓰지 않는 게 아닐까? 다시 말하면 우리 고뇌의 20%가 장래나 생사와 관련된 중요한 일이고 나머지 80%는 아마 어떻게 되든 상관없는 것일지도 모른다. 그렇다면 우리의 방 안에 있는 물건의 80%는 쓸데없는 낭비의 산물로 20%만이 필요한 물건일지도 모른다. 한편 세계 대부호들은 의미 있게 쓰는 시간이나 돈의 비율을 될 수 있는 한 많이 확보하도록 한다. 이것은 사람의 생활태도와도 부합된다.

위에서 유태인 대부호가 "성공하지 않는 사람은 '해서는 안 되는 일'을 하기 때문이다."라고 말했다. 이것에 대한 당신에 변명은 이럴 것이다. 예를 들면 '담배가 몸에 나쁘다고 생각해도 끊을 수 없다.', '부모에게 친절하게 말하려고 해도 솔직하지 못하고 언제나 모질게 말하고 만다.' 등 결점뿐인 것이 인간이다. 그래도 여기서 '보잘것없는 인간'이라고 간단하게 생각하면 발전이 없다. 100% 완벽하게 하려고 하기 때문에 할 수 없고 좌절하는 것이다.

그렇다면 '파레토의 법칙'에 따라 '80%의 선행을 하면 훌륭하다'는 자세로 행동해 보는 것은 어떨까? 만약 우리가 두 손을 주머니에 넣고 등을 구부리고 미간에 인상을 쓰고 다른 사람의 눈을 피하고 걷는 사람이라면, 지금부터라도 얼굴만이라도 웃는다면 어떨까. 완벽한 기획서를 제출하려다 기일을 넘기지 말고 우선 80%라도 완성한 기획안을 기일 내에 제출하는 것은 어떨까. 정해진 돈을 전액 반납할 수 없다면 우선 기일 내에 80%를 반납하는 것은 어떨까. 이렇게 80%의 만족을 실천하다보면 당신은 머지않아 90%의 만족을 얻을 것이고 그것은 100%의 만족으로 연결될 것이다.

Special Secret 3

죽은 돈과 살아 있는 돈이란?

'파레토의 법칙'으로 주위를 체크하면 이번에는 그 '80대 20의 법칙'을 돈 쓰는 법에도 적용시켜 보자. '파레토의 법칙'에 의하면, 지금 우리의 돈 쓰는 법은 80%가 '죽은 돈', 20%가 '살아 있는 돈'이다. 세계의 대부호들은 당신과는 반대로 80%를 '살아 있는 돈'으로 쓰고 있기 때문에 성공하는 것이다.

그럼 살아 있는 돈'과 '죽은 돈'에 대해 구체적으로 살펴보자. 이 세상에 존재하는 물건은 모두 두 가지 종류로 분류할 수 있다. 즉, 그것은 '자산 가치가 있는 것'과 '자산 가치가 없는 것'이다. 자산 가치가 있는 것은 그것이 돈을 불린다거나 갖고 있으면 가치가 올라갈 가능성이 있는 것이다. 마치 계란을 낳는 닭과 같다. 그리고 이러한 것에 쓰는 돈을 '살아 있는 돈' 또는 '투자'라고 한다.

한편 자산 가치가 없는 것은 한 순간에 가치가 줄거나 오래 갖고 있어도 가치가 올라가지 않고 오히려 내려갈 가능성이 있는 것이다. 이러한 것에 돈을 쓰는 것을 '죽은 돈', '소비' 또는 '낭비'라고 한다.

세계의 대부호들은 '파레토의 법칙'을 기준으로 말하면 80%를 자산 가치가 있는 것에 쓰고 20%를 자산 가치가 없는 것에 쓰며 인생을 즐긴다. 한편 그렇지 않은 사람들은 소중한 돈의 80%를 향락을 위해 쓰거나 장래를 생각하지 않고 자산 가치가 없는 것에 쓴다.

당신은 복권을 사는가? 누구나 가끔은 복권을 산다. 그러나 미국에서는 '돈 없는 사람은 복권을 사고, 부자는 주식을 산다.'고 한다. 복권은 '자산 가치가 없는 것'이다. 왜냐하면 복권은 사는 순간 가치가 떨어진다. 그것은 당신이 산 복권 금액 중에서 복권회사의 운영비 등이 차감되고 남은 금액을 상금으로 하기 때문이다. 물론 당첨자에게 그것은 천원이 수십억 원이 되기 때문에 자산가치가 있을지도 모르겠지만 거의 대부분의 사람들은 당첨되지 않는다. 한편 주식은 과열과 쏠림에 흔들리지 않고 착실하게 가치투자법을 진행하면 은행의 이자보다도 높게 가치가 올라가는 경우가 허다하다.

젊을 때 누구나 착실하게 노력하고 저축하면 어느 정도의 자금을 모을 수 있다. 하지만 모은 돈으로 자동차를 사고, 집을 산 경우를 생각해 보다. 자동차는 '내구소비재'로 불리며 '소비'하는 것이지만, 부동산은 자산가치가 있는 살아있는 돈이다. 이처럼 같은 돈을 어떤 것에 쓰느냐가 'Y자 신드롬'의 갈림길이 되는 것이다.

Special Secret 4

원하는 부를 어떻게 얻는가?

'오늘부터 당신이 할 수 있는 것'의 제일 중요한 포인트로 '부자의 정의'를 머릿속에서 바꾸라. '근로가 미덕'이라고 생각 하는 국민성에서는 '부자 = 고수입' 또는 '부자 = 현금부자' 또 는 '부자 = 납세액이 많은 사람'이라고 생각하기 쉽다. 하지만 그들은 불의의 사고나 병, 해고되어 일을 할 수 없게 되면 수입 이 없어진다. 내가 백만장자를 강조하는 것은 아직 젊을 때 열 심히 일해 현명하게 돈을 불리고 몸이 따라갈 수 없게 된 노후 에 '자산가치가 있는 것'으로 생활이 안정되어 있는 백만장자 가 되었으면 하기 때문이다.

의료 기술의 발전으로 우리는 아마 90살 정도까지 살 수 있을 것이다. 즉, 60세 정도에 퇴직을 하더라도 아직 30년이나 더 산다는 것이다. 그때까지 건강하다면 일을 할 수 있겠지만, 건강에 이상이 있거나 일자리가 없어서 일을 할 수 없게 될지도 모른다. 그때를 위해서 젊을 때 돈의 가치와 지식을 배우고 '자산가'가 될 수 있도록 지금부터 계획을 세우라는 것이다.

또 한 가지 고수입을 얻는 것이 세계의 대부호들이 목표로 하는 부자의 모습이 아니다. 유태인 변호사가 다음과 같이 말했다.

"중요한 것은 돈을 얼마나 버는가가 아니라, 번 돈 중에 얼마를 저축해서 자산을 늘려가는 가이다."

수입이 많으면 그에 비례해서 나가는 돈도 많아진다. 고급차, 고급 주택, 아이를 위한 사립학교 등 수준 높은 생활을 유지하기 위해서 돈이 든다. 그렇기 때문에 손에 남는 것은 의외로 지금 당신과 거의 차이가 없을지도 모른다.

반대로 지금 이것을 눈치 채고 돈에 대한 의식이 바뀌어 행동에 옮기고 있는 당신이 10년 후, 20년 후에는 많은 자산을 갖고 있을 가능성이 크다. 자산가가 되기 위해서는 먼저 저축을 통해 종잣돈을 만드는 것부터 시작한다. 최근 우리 주변에는 여러 가지 저축상품이 나돌고 있다. 즐기면서 '재미있는 저축'을 하는 것도 그 방안이 될 수 있다. 어느 정도 돈이 모이면 자산가치가 있는 것에 투자한다. 주식이나 금리가 높은 해외은행의 정기예금을 우선으로 하고 리스크를 허용하라. 다만 한 가지 반드시 알아야 할 것은 이 세상에 '저위험 고수익'은 없다는 것이다. 당신이 '고수익'을 바란다면 필연적으로 리스크도 높아진다. 절대로 손해 보지 않고 큰돈을 버는 일은 이 지구상에는 없다는 것을 기억해 두면 당신은 돈으로 인해 사기를 당하는 일은 없을 것이다.

Special Secret 5

돈에는 돈의 파동이 있다

'돈의 파동'에 대해 생각하기 시작한 계기는 토머스 에디슨 때문이다. 지적재산의 국제무대에서 활약하고 있는 에디슨 연구가 취미인 헨리 코다가 아래와 같은 이야기를 했다.

"에디슨은 피아노의 음색을 너무 좋아해 자택에서 피아니스트에게 연주하게 하고 즐기는 것이 낙이었다. 그러나 그는 귀가 심하게 막혀 그랜드 피아노의 덮개에 귀를 갖다 대고 들어야 했다. 그러던 어느 날 에디슨은 무엇을 생각했는지 피아노의 덮개를 물었다. 그러자 피아노 소리의 진동이 그의 이를 통해 들렸다. 에디슨은 그 순간에 '소리는 진동이다'는 것을 깨닫게 되었다. 그리고 그는 진동을 이용해 축음기를 발명했다."

이 세상에 존재하는 것은 서로 진동하고 만나서 영향을 미친다. 예를 들면, 말에 담겨 있는 영적인 힘도 당신이 한 말이 상대방의 고막을 진동시키고 전기신호로 바뀌어 뇌에 전달되어 의미를 이해하고, 상대방의 전두엽으로 감정에너지를 발산하여 행동을 일으키게 해서 당신에게 그 진동을 전달한다. 이 경우에는 때리는 것이지만, 누구나 중학교에서 배운 것처럼 '에너지'는 사라지지 않고 소리에너지, 열에너지, 운동에너지, 빛에너지로 영원히 이어간다.

또, 에모토 마사루의 〈물은 답을 알고 있다〉에 의하면, 음악이 물에 미치는 영향은 결정체로 나타난다. 클래식음악을 흐르게 하면 아름다운 물의 결정이 생기고, 헤비메탈을 듣게 하면 결정이 없어진다. 대부분 물로 되어 있는 우리들의 몸에 일어나는 영향을 고려하면 당신이 내는 진동에너지의 여하에 따라 당신의 인생이 좌우된다. 두 눈에 보이지 않는 진동에너지를 '파동'이라고 한다.

아무리 '돈이 갖고 싶다'는 소원을 빌어도 돈은 늘지 않는다고 말하는 사람이 있다. 그 경우에는 두 가지 원인이 있다. 하나는 '파동의 강함', 또 하나는 '파동의 메시지'다. '파동의 강함'은 입뿐만 아니라 마음을 크게 진동시켜 소원을 비는 것이다.

만약 당신이 무신경, 무관심, 무감동한 일상생활을 매일 보내고 있다면 마음이 단단히 굳어져 있는 상태거나 마비 상태이기 때문에 아무리 '돈을 갖고 싶다'고 소원을 빌어도 마음이 진동하지 않는다. 그렇기 때문에 그러한 경우에는 매일 '마음의 준비운동'을 하고 당신의 마음이 '돈의 파동'을 끌어들이기 위해 크게 진동할 수 있도록 해야 한다. 방법은 간단하다. 이것을 대부호들은 '타인에 대한 배려'로 실천하고 있다.

어떻게 돈의 파동을 끌어들일까?

앞에서 설명한 것처럼 무신경, 무관심, 무감동한 일상생활을 보내고 있는 사람이 '돈의 파동'을 끌어들일 수 없다는 것은 자명한 일이다. 다시 말하면 이기적인 사람은 '돈의 파동'을 낼 수 없다는 뜻이다. 따라서 세계의 대부호들은 'Give and Take(먼저 베풀자)'라는 철학을 기준으로 행동하는 '배려' 깊은 사람들이다.

그들에게는 인간미가 넘친다. 즉, 마음이 넓고 크고 부드럽기 때문에 '돈의 파동'을 끌어들이는 것이 쉽고, 또한 크게 마음을 진동시킬 수 있다.

한편 '아무리 마음을 진동시켜도 돈이 전혀 늘지 않는다.'고 말하는 사람들의 원인으로 생각할 수 있는 것은 '잘못된 메시지'를 보내고 있기 때문이다.

만약 당신의 친구가 새 차를 샀는데, 그것을 보고 당신도 '좋아, 나도 새 차를 살 돈이 있었으면 좋겠다.'고 매일 '돈을 갖고 싶다'고 간절히 소원을 빈다고 하자. 그런 경우에는 돈을 늘릴 수 있는 기회도, 좋은 멘토도 오지 않는다. 왜 그럴까?

그것은 아마 말로는 '돈을 갖고 싶다'고 소원을 빌었는데도 마음의 메시지는 다르기 때문이다. 예를 들면 '좋겠다, 저 자식은 멋진 새 차를 타고, 그에 비해 왜 내 차는 고물인 거야.', '왜 새 차를 살 수 없을 정도로 내 수입은 적은 거야', '이것은 가난한 부모 탓이야', '왜 저 녀석만 점점 승진하고 있는 거야', '내 차가 촌스러워서 애인도 생기지 않는다.' 등등 이렇게 자신도 모르는 사이에 불평, 불만, 질투, 분노라는 감정을 열심히 진동시켜 보내고 있는 사람일 수 있다. 그렇게 되면 '돈의 파동'과 파장이 틀리기 때문에 전혀 돈과는 인연이 없는 상태가 계속된다. 게다가 운 나쁘게도 '유유상종'의 법칙에 의해 마찬가지로 불평, 불만, 질투, 분노 등의 감정을 가진 돈과 인연이 없는 사람들이 당신을 끌어들이려 할 것이다.

다른 예로, '전직'에 대해 생각해 보자. 일반적으로 '전직하고 싶다'고 생각하는 사람은 좋은 직장을 찾을 수 없다. 반대로 직장에서 일을 척척 해내는 사람일수록 스카우트되기가 쉽다.

'전직하고 싶다'고 생각하는 마음속 깊은 곳에서 '상사는 나를 공평하게 평가해 주지 않는다.', '왜 내 급여가 저 녀석보다 낮은 거야'라는 불평, 불만, 질투, 분노 등의 감정이 있으면 전직하려는 직장의 면접관에게도 그 파동이 전달되기 때문이다.

자신이 키우는 세 마리 괴물

'돈의 파동'은 우리의 주위에 언제나 존재한다. 세계의 대부호들은 이것을 능숙하게 끌어들인다. 그러나 가끔 터널에 들어가면 전파가 끊기는 것처럼 '돈의 파동'을 방해하는 세 마리의 괴물이 있다. 그것은 '불안', '게으름', '질투'이다. 이 세 마리는 어느새 우리의 마음에 둥지를 틀고 점점 크게 증식하여 최악의 경우 우리의 건전한 마음과 육체를 파괴한다.

'불안'한 감정을 퇴치하기 위해서는 '자신감'을 키울 필요가 있다. '자신감'이란, 글자 그대로 '자신을 믿는 것'이며 '오만'이 아니다. '자신감'을 키우는 방법에는 여러 가지가 있다. 무엇이라도 좋으니 조금씩 '달성'해 가는 것이다. 세계의 대부호들은 어릴 때부터 실패나 시련을 체험하며 '자신감'을 키워왔다. 이미 성인이 된 당신도 지금부터 무언가를 열심히 시작하여 그 '성취감'을 느끼는 것을 반복하면 '자신감'이 생길 것이다. 한 가지를 제안한다면 저축이 가장 효과적이라 생각한다.

다음은 '게으름'인데 유태인이나 화교 부호들이 말하는 성공 비결의 하나로 '아무튼 행동하자!'가 있다. '게으름'은 그들의 법칙에 전혀 반대되는 행동을 취한다. '무엇을 이루는 데 10년이 걸린다.'고 생각하고 행동하는 것이 세계의 대부호들이지만 '게으름'이 몸에 밴 사람들은 일확천금을 노리거나 돈의 운용을 다른 사람에게 맡기기 때문에 속아서 돈을 빼앗기는 경우가 많다.

당신이 열심히 모은 소중한 돈의 사용에 대해서는 타인에게 맡기지 말고 스스로 꼭 검증하는 습관을 키우자. 또한 일확천금을 노려 복권이나 도박을 하는 것이 아니라 '돈이 되는 나무'를 손에 넣는 '신용 만들기 10년 계획'을 단 한번이라도 세워보라. 그리고 아주 빨리 '게으름'을 퇴치하기 위해 지금부터 당장 당신의 방이나 회사의 책상을 정리해라. 생활환경이 쓰레기통인 상태로는 머리도 마음도 깨끗해지지 못한다.

그리고 마지막으로 '질투' 퇴치하는 것이다. '돈의 파동'과 마음의 메시지에서도 설명한 것처럼 마음에 '질투'가 있으면 아무리 노력해도 행운이 찾아오지 않는다. 게다가 모처럼 성공한 사람에게서 유용한 실천방법을 배울 기회를 잡더라도 '질투'로 인해 망쳐 버린다. 그 결과, 검은 먹을 가까이 하면 검어진다는 '근묵자흑'처럼 당신은 '진정한 부'를 손에 넣을 수 없는 사람들과 영원히 함께할 것이다.

Special Secret 8

부자가 되는 단순한 주문

우리가 파동을 알고 불안, 게으름, 질투를 소유하지 않고 순수하게 진정한 부와 사랑을 손에 넣고 싶다고 소원하고, 매일 노력하는 사람이라고 생각해 보자. 그러나 아무리 노력해도 마음이 불안할 수가 있다. 그러한 때의 '돈의 파동' 강화작전을 말하겠다.

중국의 5대 전통술을 알고 있는 화교의 부호는 이렇게 말했다.

"마음이 불안하고 경직되면 '돈의 파동'을 끌어들이는 진동을 낼 수가 없습니다. 그러한 때는 아무리 애를 써도 마음과 몸과 머리가 겉돌기만 합니다. 이러한 때는 먼저 자신의 마음을 치유하지 않으면 안 됩니다. '치유의 파동'이라는 게 무슨 색인지 알고 있습니까? 그것은 청색입니다. 때문에 먼저 눈을 감고 심호흡하면서 청색의 빛을 그려보십시오. 녹색은 평화 그리고 돈의 색입니다."

이렇게 불안에 짓눌릴 때는 마음을 치유하고, 그 다음에 유태인 부호가 가르쳐준 '돈의 파동' 강화작전을 시작한다.

"먼저 현금을 준비하고 아무도 모르게 매일 10분에서 20분간 계속 돈을 세어보라."

그가 말했다.

"왜 그렇죠? 그런 방법이 효과가 있나요?"라고 질문하자, 그는 이렇게 대답했다.

"불안하기 때문에 당신의 마음은 '돈의 파동'을 낼 수 없다. 그렇기 때문에 돈뭉치를 만지는 것으로 지폐에서 '돈의 파동'을 얻는 것이다. 백만 원을 매일매일 세게 되면 백만 원이 올 것이다. 천만 원을 매일 세면 천만 원이 올 것이다. 매일매일 혼자서 10분에서 20분 정도를 계속 돈을 세어보라. 그렇게 하면 당신의 마음은 불안이 없는 '무'의 상태가 되고 '돈의 파동'으로 충만하게 된다. 그러나 이것을 결코 누구에게도 말해서는 안 된다."

여기서 한 예를 들자면 화교 명문자제가 있었다. 그의 가정이 아주 가난했던 어린 시절 매일 밤 아버지가 일하고 돌아오는 것을 기다렸다가 그날 아버지가 벌어 오신 돈을 세는 것이 그의 취미였다. 그리고 그는 나중에 큰 부자가 되었다.

또 다른 사례는 한 여성이 맨 앞과 맨 뒤에만 진짜 지폐이고 가운데는 전부 신문지로 만든 백만 원짜리 돈뭉치를 핸드백에 넣고 '내 가방에는 백만 원의 돈뭉치가 있다'고 매일 마음속으로 중얼거렸다고 한다. 그러자 서서히 표정, 언어 사용, 태도 등이 부자처럼 되고, 나중에는 진짜 돈뭉치가 몇 개의 핸드백에 들어왔다고 한다.

돈에 혼을 불어넣어라

불상을 만드는 장인은 작업을 할 때 끌을 든 손에 혼을 담아 재료에 박아 넣는다. 그러면 완성된 불상에는 살아 있는 듯한 생동감이 넘치고, 그것은 당장이라도 움직일 듯한 모습을 한다.

불상을 다듬는 그 장인의 끌은 하나의 도구다. 그는 하루도 쉬지 않고 도구를 손질했지만 도구에는 어떠한 장식도 하지 않았다. 매일 혼을 불어넣는 일을 했을 뿐이다.

돈도 이와 같다. 돈은 단지 무엇인가를 하기 위한 수단일 뿐이다. 돈에 의해 지배당한다는 말은 틀린 말이다. 우리는 도구와 마찬가지로 돈을 정기적으로 손질하고 그것을 사용하여 무언가 중요한 결정체로 만들어내야 한다. 그러기 위해서는 돈을 도구로써 사용하는 것으로는 부족하다.

먼저 지식과 경험, 그리고 행동력이 필요하다. 불상을 만드는 장인은 나무의 특성을 파악하고, 그것에 따라 도구의 종류나 사용법을 결정한다. 그 단계에 이르기 위해 장인은 지식뿐 아니라 실제로 많은 경험을 쌓아왔을 것이다. 또 보다 좋은 작품을 만들기 위해 좋은 재료와 도구를 구해서 행동으로 옮겨왔을 것이다.

그 모든 과정에는 필연적으로 장인의 혼이 담겨 있다. 혼을 불어 넣는다는 것은 나무 조각에 영혼을 불어넣는 것과 같은 일이다. 장인이 아닌 보통 사람이 혼을 불어넣는다는 것은 바꿔 말하면 정성을 다한다는 것을 뜻한다. 높은 지식이나 기술은 물론 풍부한 경험과 아름다운 인간성, 지극한 정성, 이러한 것들을 모두 갖추었을 때 비로서 명인으로 불리는 것이다.

세계의 대부호들은 돈을 이와 같은 이치로 관리하고 있다. 부와 사랑을 가까이 하기 위해서는 돈이라는 도구를 능숙하게 다룰 수 있는 지식과 기술, 행동력, 풍부한 인생경험, 아름다운 인간성과 맑은 정신이 필요하다.

이러한 자질을 가진 사람들이 쓰는 돈은 장인이 완성시킨 불상처럼 많은 사람들을 감동시킨다. 하지만 그들은 그 모습

그대로를 만족하지 않고 항상 겸손하게 섬기는 자세로 절차탁마해서 자기 자신을 향상시키는 노력을 한다. 그 결과 그들은 사람들에게서 존경받고 대부호로서의 자신의 길을 흔들림 없이 만들어 갈 것이다.

고귀한 꿈은 부가 만들어 준다

세계의 대부호들에게 가장 소중한 것은 '깨달음'이다.

사회생활과 인간관계로 침울해하고 있는 젊은이들에게 유태인 대부호는 이렇게 격려했다.

"어려운 문제로 인해 해결방법이 벽에 부딪쳐 침울해졌을 때는 이렇게 극복하라. '도대체 지금 나는 무엇을 하고 있는 것일까?' 자신이 가진 무한한 가능성과 선택의 여지를 깨달아 더 건설적인 일에 시간과 에너지를 써라."

그가 말한 것처럼 '지금 나는 무엇을 하고 있는 것일까?'하고 객관적으로 자신의 행동을 뒤돌아보고 다른 선택의 여지를 깨닫는 것이 소중하다.

누구에게나 똑같이 하루 24시간이 있다. 같은 시간을 푸념하고, 타인을 비난하고, 싸움을 하고, 다른 사람을 방해하면서 지내는 것도 당신의 선택이다. 또 불안이나 게으름, 질투로 마음이 가득차고 '돈의 파동'과 너무나 먼 시간을 지내는 것도 당신의 선택이다. 이러한 선택은 어느 것이나 '해서는 안 되는 것'이라고 우리들은 알고 있다. 알고 있으면서 '해서는 안 되는 일'을 하기 때문에 성공하지 못하는 것이다.

한편 세계의 대부호들은 자신을 객관적으로 보고 건설적인 것을 선택한다. 역시 이것은 정신연령이 높고, 또 '파레토의 법칙'을 기준으로 80%의 시간을 중요한 일에 투자하기 때문이다.

'나이 마흔이 되면 자신의 얼굴에 책임을 져라'는 것은 서양이나 동양이나 똑같다. 대부호들은 항상 객관적으로 '지금, 자신은 무엇을 하고 있는 것일까? 어떤 얼굴을 하고 있는 것일까?'라고 생각하면서 행동하는 것이다.

한번 거울 앞에 서서 다음과 같이 해보자. 먼저 과거에 있었던 짜증나는 일을 생각하면서 '제기랄', '절대 용서하지 않는다.'는 얼굴을 지어보자. 그런 자신의 얼굴을 보면 소름이 끼칠 것이다. 이러한 상태가 계속되면 안면근육이 경직되고 반야와 같은 얼굴이 되어 버린다. 만약 당신이 '행복의 신'이라면 절대로 가까이 하고 싶어 하지 않을 무서운 얼굴이다.

반대로 언제나 생글생글 웃고 있는 사람에게는 '행복의 신'이 가까이 있을 것이다. '나는 나와 인연이 있는 사람들이 의미 있는 시간을 보낼 수 있도록 노력하고 있는 것일까?'라고 늘 생각하면 마찬가지로 '돈의 파동'을 가진 좋은 사람들이 당신 주변에 모일 것이다.

돈은 사람을 자유롭게 한다

돈은 사람을 자유롭게 한다.
돈은 사랑하는 사람을 기쁘게 해 줄 수 있고,
상대가 원하는 것을 해 줄 수 있다.
따라서 사랑을 가장 자연스럽게 표현하고
진정한 행복을 느끼게 하는 방법은
부를 사용한 '주는 행위'다.